本书得到国家自然科学基金（编号：71802135）和上海超级博士后项目资助。

社会化媒体中的营销内容与用户行为

李玉豪◎著

MARKETING CONTENT AND USER BEHAVIOR IN SOCIAL MEDIA

经济管理出版社
ECONOMY & MANAGEMENT PUBLISHING HOUSE

图书在版编目（CIP）数据

社会化媒体中的营销内容与用户行为研究/李玉豪著 . —北京：经济管理出版社，2020. 1
ISBN 978 - 7 - 5096 - 7000 - 2

Ⅰ. ①社… Ⅱ. ①李… Ⅲ. ①传播媒介—网络营销—研究 Ⅳ. ①G206. 2

中国版本图书馆 CIP 数据核字(2020)第 021670 号

组稿编辑：申桂萍
责任编辑：刘　宏
责任印制：黄章平
责任校对：陈　颖

出版发行：经济管理出版社
（北京市海淀区北蜂窝 8 号中雅大厦 A 座 11 层　100038）
网　　址：www. E - mp. com. cn
电　　话：(010) 51915602
印　　刷：唐山昊达印刷有限公司
经　　销：新华书店
开　　本：720mm × 1000mm/16
印　　张：12. 5
字　　数：175 千字
版　　次：2020 年 3 月第 1 版　　2020 年 3 月第 1 次印刷
书　　号：ISBN 978 - 7 - 5096 - 7000 - 2
定　　价：58. 00 元

序　言

随着网络技术的发展，社会化媒体通过网络和虚拟社区极大地影响了人们的活动场景，以及思想表达和信息共享的方式，成为国家经济发展的重要推动力量，也关系到每个人生活的方方面面。社会化媒体被认为是基于互联网 2.0 或因特网应用程序，通过个体用户与其他用户相关联，通过用户生成内容在线互动产生数据，从而设计和维护的网络或者特定服务的程序。如今，社会化媒体是每个人生活的一部分，有很多人使用社会化媒体平台与朋友和家人互动，社会化媒体已经变得非常庞大，并且在全世界范围内仍然迅速增长。

社会化媒体不仅是好友状态和图文这么简单，营销者也会利用这类平台和用户产生关联。社会化媒体已经成为企业推广产品和获取巨额利润的一个重要转换平台。即使用户并不乐意，营销者也会用各种手段和用户建立联系。大多数社会化媒体平台都具有内置的数据分析工具，从而使得企业营销者能够跟踪广告活动的进度、成果和参与率。营销者通过社会化媒体为一系列利益相关者如现有客户、潜在客户、一般大众、记者、其他机构等提供服务。在战略层面，社会化媒体营销包括营销活动的管理、治理、设定范围（例如，更积极或被动使用）以及建立公司所需的社会化媒体“文化”和“基调”。

随着技术的发展，企业有了更多的手段窥探消费者的行为特征和隐私，滥用精准化的内容推广手段，收获了短视的商业收益，却导致了更大范围的外部性恶果。在社交网络背景下，人们基于现实社交关系建立线上联系，商业内容的泛滥无疑加深了用户对隐私信息被泄露的顾虑。个性化的推送通过锁定精准需求，试图削减这种影响，却也同时限制了用户的自主选择范围，损害了用户的自治权利。更遑论侵入性的影响，当用户在线上进行社交活动时，商业内容占用了用户的时间精力，妨碍了用户的主要目标，最终导致对此类内容的拒绝行为。有的营销内容以折扣、收益等作为传播的推动力，却更容易被联想为兜售信息，另外，所谓的折扣、降价又容易成为社交阻碍，因为没有人愿意在社交关系里被“look cheap”。

社交性的背景对用户线上营销参与的影响进一步加深（例如，朋友圈里处境尴尬易被屏蔽的营销号）。大量营销内容花费了企业众多的资源，却沉寂在社交网络中，提升了用户的购买成本，恶化了社交网络环境。因此，有的学者感慨：尽管社交媒体技术已广泛使用，基于企业目的的营销应用研究才刚刚起步。学界对基于网络的营销信息传播行为成功与否的关键影响因素仍然知之甚少，传播效度看起来不像是计划的“unplanned”，更像是偶然产生的结果。

为何社交网络会为营销内容传播参与带来如此的影响？现有的文献结论，如沟通效度、隐私顾虑、侵入性等都无法给出具有普遍意义的原理解释。社交平台上用户间的内容互动寓示了一种有关个体生活、友谊以及精神支持的环境基础。与此对比，用户对营销内容的参与和分享行为则涉及产品和商业背景。在社交网络个体关系中，人们倾向于相信关系互动基于互利性而非自私性。用在社交网络环境下，个体不仅对内容本身会做出评价，营销者生成内容的来源背景同样会影响个体的参与行为。关系获取、友谊以及情感支持是社交网络的基本属性，这也是用户对于社交网络应用的重要期望目标。在线上环境中，过度侵入个体隐私空间的商业内容降低了个体对自身网络环境的控制感。对于企业与营销者而言，只有充分了解营销者内容传播参与的认知侧重和行为感知机制才可以利用新的平台优势增强自身的影响力，从而提高与用户的互动交流水平。

目前，在社会化媒体应用背景下的商务开发面临着两个问题：一是社会化媒体背景下，学界对于个体用户自发性的信息过继传递过程所知依然十分有限；二是在用户参与以及用户生成内容的背景下，学者们不自觉地在一定程度上忽略了营销者用户以及营销内容在社会化媒体中的角色意义。只有深入了解个体传播参与的影响机理，才能从根本上提升用户体验、促进营销者生成内容传播效力，使得社交媒体背景下的内容传播和营销理论得到完善，丰富目前的研究文献，为社会化媒体技术的发展提供借鉴。

为了深化和推进对这两个问题的认识和理解，本书围绕线上社交广播用户针对营销内容的分享行为进行了深入细致的探讨，为企业以及营销者用户在新媒体环境下的顾客沟通、商务开发提供参考和启发。同时，本书也在理论上补充、丰富和扩展现有针对社交应用用户行为的研究，在虚拟社区信息分享传播、社交商务用户行为以及商务背景元素影响的相关研究上提供理论贡献，为未来研究提供理论框架和研究视角上的基础和参考。

李玉豪

2019 年 8 月

前　言

在空闲的时刻，作为读者的你，可能会在工作、学习的闲暇打开自己的社交应用，浏览一下朋友圈，看看微博上的热点。对于大多数掌握上网要点的人而言，同时打开多个社交网站，还在手机上跟朋友和家人聊天简直是生活中司空见惯的情景，毕竟我们都是“多线程”的高手。那么你也肯定知道，营销者和企业不遗余力地利用这些平台和你建立联系。更加有可能的是，你在各种社交平台的一举一动，都有可能被记录在数据库中，从而建立“用户肖像”，方便企业更有效率地将给你的推送转换为利润。你也许会对自己的私人信息甚为留意，然而在“差分隐私”面前，所有人都可能是透明的。

大家不用怀疑企业用不用社会化媒体平台来推广自身的内容，而是要怀疑这些企业要走向何方，使用到哪种地步？在本书中我们考虑到了用户分享的动机、位置情境的影响、用户特征、线上关系、内容展示、产品类型等一系列相关因素的影响。本书不仅试图表明，这些策略不仅有可能使得营销内容得到更好传播，而且可能面临更多问题、风险和挑战。只有合适的营销手法，才能降低无畏的资源浪费，同时提升或者不影响用户的线上体验，并且实现目的。毕竟实践是检验真理的唯一标准。

希望本书能够使读者们进一步了解社会化媒体背景下营销内容传播的来龙去脉和现实意义。毕竟，在短短几年间，社会化媒体已经成了企业花钱营销的重要渠道。如果关注一下电视类媒体渠道在近些年广告营收和收视率方面面临的挑战，就更能衬托这一平台的蓬勃发展和无限潜力。

本书的结构非常简单，从社会化媒体和内容传播的数字时代背景出发（第一章），基于已有的文献和实践背景，探讨了用户参与营销内容传播的相关动机和因素（第二章），包括：位置与情境影响（第三章）、用户特质的作用（第四章）、内容展示方式的影响（第五章）、用户卷入与产品内容的影响（第六章）、营销内容与面孔感知（第七章）。第八章进行了总结讨论。

技术的发展日新月异，社会化媒体也在不断发展，希望本书能给大家以思考、参考和收获。

目　录

第一章 社会化媒体的魅力

“计算机是传达某种情感的最佳媒介，因为人们渴望分享，你理解吗?”

——史蒂夫·乔布斯（1995）

一、社会化媒体

新兴社交类媒介应用极大地改变了世界范围内的信息创造以及信息交换方式，并且以一种前所未有的形式赋予了个体在信息获取以及社交互动上摆脱时间和位置限制上的显著优势，从而在人们的社交模式以及线上决策机制中起到了越来越重要的作用。企业以及营销者也关注到这类新兴的社交媒介在商业开发商的巨大发展潜力，并将这些社交工具作为客户沟通、拓展影响力的重要手段。

很多的社会例证可以诠释为什么“产品”或者“思想”会通过一系列名不见经传的个体或者机构、一个传一个，由点到面，最终迅速传播开来，成为一种“潮流”和“爆款”。口头传播确实无处不在，不过线上的信息传播是一个全新的话题。毕竟社会化媒体日新月异，信息技术实现了人们可以在平台上分享自身相关或者感兴趣的话题。

总体而言，社会化媒体是各种互联网应用程序的全能术语，允许用户创建内容并相互交互。此交互可以采用多种形式，但一些常见类型包括：

- 共享第三方制作的有趣内容的链接。
- 对个人资料的公开更新，包括有关当前活动甚至位置数据的信息。
- 分享照片、视频和帖子。
- 评论他人分享的照片、帖子、更新、视频和链接。

20 年前，如果你问别人使用了什么样的社会化媒体网站，他们会对你的问题感到困惑。然而，在今天的社会中，社会化媒体几乎是每个人生活中的正常部分。社会化媒体深受欢迎，如今移动通信和无线网技术使访问互联网极为便捷，并且智能手机和平板电脑使得上网的设备具有极高的移动性和便携性。只要有智能手机、平板电脑或者笔记本电脑，就可以访问互联网，这意味着随时可以访问各个类型的网络系统。

人们出于多种原因创建了社会化媒体账户。使用微博、腾讯、知乎、Googe +、豆瓣、LinkedIn 等不同类型的网站的主要原因之一是与朋友、家人以及同事随时保持联系。可以通过他们的社会化媒体账户进行重要的公告，而不是向朋友和家人拨打无数的电话。社会化媒体还为家庭成员之间的照片分享提供了一个有效的平台，这节省了时间和金钱。

此外，社会化媒体已经成为人们获取与时事相关的最新信息的工具。主题新闻故事的创建可以帮助人们在主要新闻故事的表面找到信息。近年来，当重大灾难发生时，无论是大雪灾还是恐怖袭击，人们与朋友和家人能够及时联系的方式就是通过社会化媒体网站和应用。即便无法通过手机拨打电话，但是只要能够上网，人们就可以在任何地点和状况下与朋友家人取得联系。

企业已经意识到社会化媒体网站作为营销工具的重要性。社会化媒体账户上的营销者账户有多种用途。企业可以通过一个帖子或推文将其品牌带给大众。共享的信息可能与新产品、服务或销售有关。此外，企业可以在其社会化媒体账户上为其客户提供更好的客户服务。社会化媒体不仅可以分享有趣的图片、笑话或音乐视频，而且企业受益于社会化媒体，因为它同时也是一种巨大的营销工具。社会化媒体平台不仅有趣，而且在当今社会中的作用也非常重要。

二、营销内容

早在2011年，已有83%的世界500强企业采用了社会化媒体渠道和相关技术作为它们的营销渠道和客户沟通平台（Naylor等，2012）。自2014年以来，诸如苹果公司、强生（Johnson和Johnson）以及IBM等企业在这些新媒介中的营销费用均达到了数十亿美元，这表明线上社会化媒体平台已经成为企业营销推广所倚重的重点渠道（Sridhar等，2016）。营销者通过创造基于企业利益的内容（marketer－generated content，MGC），在线上吸引其他用户的关注和参与，从而提升自身的线上影响。例如，Disney在线上招募兼职人员（Li等，2017），在品牌社区、博客、脸书（Facebook）、推特（Twitter）以及YouTube等网站上推广自身的最新内容，寄希望于用户，通过内容传播参与，让这些营销内容的传播远超Disney的订阅用户范围。营销内容的传播参与行为是用户生成内容（UGC）以及口碑（Word－of－Mouth）的有益补充，为营销者自身推广提供了更宽广的传播范围，并且克服了UGC的低控制性以及低来源可信度等缺点。社会化媒体背景下，具有一系列独有特征的营销内容传播（Goh等，2013），可以转变内容阅读者的立场，从而正向地影响用户的品牌认知、内容评估和购买意愿（Li，2012）。在社交网络中，个体基于兴趣、友谊、职业、话题等产生关联，因此内容受众容易与内容分享者有一定的相似性（Kwak等，2010）。同时，对内容受众而言，直接关联的节点间也是更值得信任的内容来源（Shih等，2013）。这些证据表明，企业以及营销者用户已经成为社会化媒体中重要的参与方，营销内容已成为社会化媒体内容的关键组成部分（陈立巍和叶强，2009），在社会化媒体中展示着自身独特的信息性（informative）和说服（persuasive）角色。

近年来，基于人际沟通以及在线社交的一系列社会化媒体（social media）应用得到了快速发展，在社会事物中有了越来越大的影响力，在人们生活的各个方面体现了自身独特的作用。社会化媒体被定义为基于 Web2.0 技术架构和意识形态建立的一类基于网络的应用，允许用户生成内容的创造和交换（Kaplan 和 Haenlein，2010a），涵盖微博客类（micro - blogging）、社交网站类（SNSs）、内容型社区（creativity work sharing communities）以及协作型网站（collaborative websites）（Kaplan 和 Haenlein，2010a）。这些信息应用中较为知名和典型的包括国外的 Facebook、Twitter、Google +、Flickr、Linkedin 等以及国内的人人网、开心网、朋友网、新浪微博等相关服务。与传统媒体相比，社会化媒体在信息传播方面得益于其自身独特的技术结构，在时效性、灵活性、可达性等方面有着显著的优势，对于热点的问题可以实时追踪。用户可以在应用中创建内容、关注他人并建立自身的关系资源，个体所关注建立的关系，作为基本的用户关系单位最终构成了社交网络。社会化媒体类应用已经发展成为世界上最具活力的信息更新以及信息传播平台（Kane 等，2014），拥有庞大的用户群体以及无可比拟的活跃度。

由于高级别的自我披露（self - disclosure）以及社交临场（social presence）特性，社会化媒体持续成为所有网络应用的重要热点区域。在国外的社会化媒体应用中，截止到 2009 年 Twitter 已拥有 4.1 亿用户（Kwak 等，2010）。此外，Facebook 成为全球最为知名的社交网站品牌，2012 年 10 月 Facebook 的月活跃用户量已经达到 10 亿人次，其中 81% 的用户是美国之外的用户，共使用超过 70 种语言（Choi 等，2013）。Google + 自从在 2011 年推出以来，成为了在线用户在自身的社交网络中选择性分享信息的重要平台（Kairam 等，2012）。而在中国的社会化媒体应用中，2010 年新浪微博用户量已超过 5000 万，2014 年第一季度人人网的月度活跃用户达到了 5000 万，截止到 2013 年我国社交网络用户已达到惊人的 4 亿。

社会化媒体平台拥有庞大的用户群体、超高的人气以及真实可靠的人际关系网络、丰富的内容和关系资源，目前个体在社会化媒体使用方面有着很高的流行度，然而，基于企业目的社会化媒体的商业化应用（包含营销以及内容管理）才刚刚起步（Kane 等，2014）。基于社会化媒体基础的商务营销被定义为基于社会化媒体调节的在线上和线下环境实现共同影响的商务活动（Wang 和 Zhang，2012）。盖洛普（Gallup）针对 Facebook 和 Twitter 用户的一项调查表明，62% 的用户认为社交网络对于他们在消费购买方面的决策没有显著影响，仅有 5% 的用户认为社会化媒体对于他们的消费决策产生了非常重要的影响（Swift，2014）。在一项针对企业用户社会化媒体应用的调查中，只有 18% 的企业经理认识到社会化媒体在目前的环境下对于企业自身的商业活动的开展产生重要作用（Kiron 等，2012）。随着社会化商务的不断发展，社会化媒体为在线营销的主要区域，一些研究指出大部分企业都将运用社会化媒体来开展营销活动（Smith 等，2012）。企业除了在媒体服务中直接参与商业宣传、用户互动以外，一些社交网站如Facebook甚至直接允许商家在其网站上开设销售店铺，国内则有人人网基于自身社交网络服务推出的团购服务和网购服务。有数据表明，2010 年已有 1500 万个商业用户在 Facebook 平台上以营销为目的建立了它们的品牌社区（Goh 等，2013）。国内的一些社会化电子商务服务也蓬勃发展，如豆瓣网、大众点评网、美丽说等。此外，一些企业甚至建立自身用户专门的社交平台，通过与用户实际的互动来实现自身营销、售后服务、品牌维护、意见收集以及产品改进等方面的目的（Goh 等，2013）。

在社会化媒体环境下，信息的传播扩散以及内容的分享完全依靠个体用户的社交互动而实现（Shi 等，2014），如果不依靠于个体自发性的信息中继传播

（voluntary relay process）行为，那么社会化媒体独特的影响力就无法实现。营销者们从企业自身的角度，在社会化媒体中创建内容鼓励个体进行互动，这类内容在已有研究中被定义为营销内容 MGC（Goh 等，2013）。在社会化媒体平台下，借助相互协作和社交属性，个体可以参与和创造话题，发表自身的看法，从而非常方便地与其他个体交换信息，在产品以及品牌方面展开互动以及对话，从而影响他人的消费决策以及品牌认知。个体间的针对营销内容的扩散之所以重要是因为：这些内容的传播和再创造的信息来源方对于个体而言更值得信任，从而实现了营销内容直接面对个体而无法实现的功能，所以个体间的营销者信息交换分享行为会在个体的消费态度以及面向产品服务的行为方面扮演重要角色（Feick 和 Price，1987）。个体在传播营销内容给自身相关社交联系的时候，会通过互动行为不自觉地展现出自身的品牌偏好，从而影响他人（Chu 和 Kim，2011）。总体而言，在社会化媒体环境下存在着营销内容扩散（Diffusion）的功能来实现和激发在线口碑，个体的营销内容自发式中继行为会对企业的营销有着不可忽视的意义，然而营销内容分享传播行为产生的原因和条件却鲜有研究进行探讨。对于营销内容在社会化媒体背景下的产生机制的研究有助于我们对电子化口碑（eWOM）的驱动因素加深理解，并且为企业的在线广告策略提供参考。

虽然针对用户生成内容（users - generated content）的众多研究对用户内容方面的经济性影响从各种视角进行了探讨，例如，Chevalier 和 Mayzlin（2006）基于实证样本数据的用户评论量（review volume）影响的研究（Duan 等，2008）；Ghose 和 Ipeirotis（2011）基于文本内容可读性等方面对产品评论的影响研究（Grose 和 Ipeirotis，2011），以及学者们基于 UGC 影响的在线用户单次和重复购买研究（Ghose 和 Han，2011；Li 等，2011；Liu，2006）。然而，社会化媒体背景下，由于个体的自发活动以及营销者身份的参与，个体的众多行为（例如，内容传播、购买行为）同时受到用户内容和营销内容的共同影响（Goh 等，2013）。由企业用户和营销者所生成的内容，区别于普通的用户生成内容，在活跃的社会化媒体平台中占据着重要的角色。文献中对于营销内容的传播与影响方面缺乏定量化的探索，因此不能给营销者在此类社区的参与提供适当的参考，另外，文献方面对于社会化媒体背景下营销内容影响方面较少涉及（营销者用户往往比个体用户更为活跃）。此外，管理导向（manage - oriented）的研究主要趋于描述层面，缺乏理论基础和严格的检验，目标主要集中在内容流行和购买等企业的直接关注方面。因此，在当前的形势下，区别于集合层级（aggregate - level）的传统用户生成内容研究，基于个体用户层面的动机观察社会化媒体背景下营销内容分享传播行为，并对影响因素进行基于理论基础的分析，对企业用户在社会化媒体环境中的营销和参与行为有着较强的指导意义（Goh 等，2013；Shi 等，2014）。

三、新背景下的内容传播

营销内容传播上涉及的环节很多，本书主要关注营销内容的接收方（见图 1 - 1 中的 A、C、D）对营销内容的感知传播参与动机与行为。如图 1 - 1 所示，营销内容的制造者为营销用户节点 M（灰色节点），其他节点为与营销内容传播关联网络中的其他个体用户（白色节点）。如果两个节点之间关联层级高，那么两个节点之间的连接线用实线表示（例如，更高的历史互动次数、双向关联等）。与此对应，如果两者的关联层级低，那么两个节点之间的连接线用虚线表示（例如，较少的互动次数、单向关联等）。以微博和 Twitter 等社交化广播平台为例，营销者在平台中发布营销内容时，在没有用户参与转发互动时，将只有营销者节点 M 的直接关联节点 A、C 和 D 收到发布内容。假设节点 A 在阅读内容后决定转发该内容，则节点 B、E、F、H 也将收到该内容。在阅读内容的同时，新内容接受者同样可能选择转发该内容，从而使得该内容得以在网络中更广泛地传播。同时，社交网络的内容推送平台同样可以将该营销内容推送至具有特定特征的目标用户（例如，处于特定群组，对于该话题可能感兴趣的用户），从而扩大该内容的传播范围。

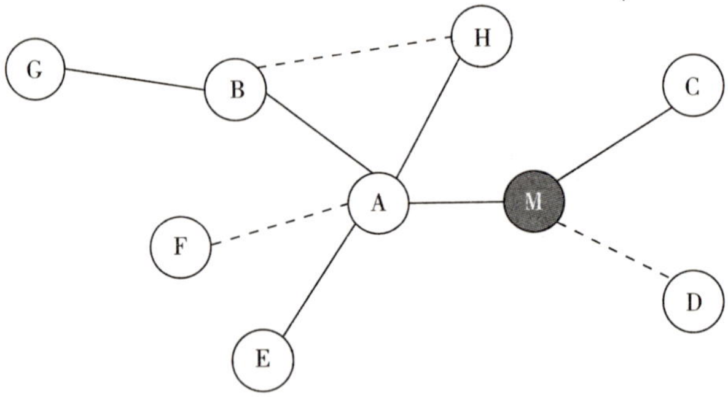

图1-1 营销内容传播参与流程

基于网络技术为人际沟通和协助提供支持的平台构成了社会化媒体（Kane等，2014）。在社会化媒体背景下，营销内容代表了企业的利益，通过吸引社会化媒体用户的注意和参与来实现自身的商业目的。营销内容分享行为与传统线上用户研究文献中描述的分享行为相比，具有一些重要的区别特征。首先，社交广播背景下的内容分享行为则意味着再传播（retransmit）他人贡献的内容。而且，营销内容的用户背景会对内容的感知和传播产生重要的影响作用，并成为营销内容传播区别于其他内容传播的重要影响因素（Goh等，2013；Bock等，2005）。

其次，营销内容对于用户决策的影响与用户生成内容相比是具有明确区别的（Sonnier等，2011）。基于已有文献的结论，营销内容主要通过说服性（persuasive）沟通来改变用户的决策，而用户生成内容则同时通过信息性（informative）沟通和说服性（persuasive）沟通。此外，受操控的营销内容相对于未受操控的营销内容更有效果，而未受操控的用户生成内容相对受操控的用户生成内容则更有效果（Goh，2013）。在线上环境中，用户生成内容表现出了在驱动购买方面更高的价值，然而，针对营销内容的传播互动则可以更有效地转变用户个体已有的认知立场，从而显著地影响他们的购买行为（Li 等，2012；Kuma 等，2016）。

最后，社会化媒体下的营销内容互动与传统线上环境存在显著区别（汪平等，2012）。例如，有证据表明在线上社交环境下，影响营销内容传播的驱动因素排序为社交性、功能性以及情绪性，而在传统媒介情景下的重要性排序为情绪性、功能性和社交性（Lovett 和 Peres，2013）。在社会化媒体背景下，营销内容通过社交网络技术传播，数字化的内容可以被聚集、传播、操控以及查询（Kane，2014）。因此，相对而言，企业对于这些社区环境下涉及自身的信息内容的传播讨论控制力极为有限。营销内容可以借由社会化媒体迅速地传播给数量巨大的用户群体。相对于传统的线上内容推广活动而言，社会化媒体上成功传播的具有商业背景的内容，更多的时候像是未计划的，影响用户分享这些内容的动机因素仍然非常不明晰。

第二章　用户分享的基因

“一个永恒且急迫的问题是：你为别人做了什么？”

——马丁·路德·金（1957）

研究者们对营销内容背景下的用户分享行为研究开始于20世纪末期，从基本的理论构建分析到实证实验方法以及研究的技术和方法工具都有着广泛的涉足。理论来源于心理学、组织行为学、传播学、社会学以及信息技术等多个学科。研究的对象跨越了个体用户、组织以及组织之间的信息内容传递。在线虚拟社区环境下，个体的内容分享（content sharing）行为是一种社会交换的过程，涉及内容的生成者、内容的分享者以及分享者的订阅个体（Shi 等，2014）。根据本书的研究目标和背景，本章对现有相关在线虚拟社区信息及内容分享研究（information and content sharing）、虚拟社区（virtual communities）中口碑研究（word - in - mouth）以及虚拟社区背景下营销内容研究现状展开论述，从而使得读者能对已有的研究成果有一个宏观上的认识。

一、虚拟社区与内容分享

跟随时代的发展，电脑网络、智能手机以及其他的手持智能设备（如平板电脑)，不经意间改变了人们的社会生活状态。人们从过去依赖纸质、电视广播等旧媒介的习惯中，迅速适应了数据化信息在他们日常生活的重要作用。在新媒体环境下，如社交网络（SNS）、视频分享网站以及微博（micro-blogging）等，信息的展示是互动性（interaction）和开放式的（one-to-many）。虽然这些社交性特质并非为了提升社区内的信息分享行为而设立，却无疑促进了比如商业类（commercial)、娱乐类（entertainment）等不同来源的多媒体类信息（例如，文字、图片、音乐、视频等）在线上的传播机会。事实上，社交网络正是建立在这样一个设想的基础上：由于用户群体志愿性披露特质的存在，人们会自发地制造和共享与自身相关的信息内容，从而实现社交网络的存在和发展（Brandtzaeg 等，2010)。

在线环境下知识和信息分享是线上用户领域的一个经典议题。近些年来，研究者们广泛地探讨了在各种环境下，人们知识以及信息分享行为的相关动机。研究者们从企业层面、企业员工个体层面、在线虚拟社区（如职业交流社区）到社会化媒体背景下的个体层面等不同的视角对个体的知识及信息内容分享进行了广泛的论证。本小节对涉及线上以及虚拟社区中知识信息分享、内容分享、知识贡献等行为的相关文献进行了系统的检索和整理，对研究的理论基础、数据方法以及研究结论进行了汇总分析，如表 2-1 所示。

表 2-1 虚拟社区环境下个体内容分享行为研究

文献来源	理论基础	样本数据	主要结论
Bock 等（2005）	理性行为理论	259 份韩国企业员工数据	外部收益不利于员工个体的知识分享意愿，有可能削减个体的内在动机；期望的互惠关系有利于个体知识分享意愿和主观规范的形成；个体感知的企业氛围对于个体的知识分享意愿有着显著的影响作用
Wasko 和 Faraj（2005）	社会资本理论	美国某国家法律联合会在线会员约 7000 人	在实名制背景下，在线个体的职业信誉、个体的认知维度社会资本、结构性社会资本会对个体的知识贡献行为产生显著的促进性影响

续表

文献来源	理论基础	样本数据	主要结论
Chiu（2006）	社会资本理论 社会认知理论	微软社区成员310份调研问卷	实证结果表明，个体的社交互动节点会显著影响个体的知识共享质量感知。个体的信任（关联性资本）、共享语言与共享愿景（认知性社会资本）、个体的社区性结果预期对个体的知识分享有着积极的影响
Hsu和Lin（2008）	理性行为理论	212份博客调查数据	知识分享因素中，利他主义（altuism）以及信誉（reputation）会对博客的使用意愿产生较为显著的促进作用，而期望的互惠性收益、信任和期望关系对用户的博客使用行为无显著性影响
Renzl（2008）	价值损失恐惧知识归档	201份分别来自公用事业和软件行业两个企业的员工数据	价值损失恐惧和知识归档中介性影响了管理信任以及知识分享之间的关系。管理信任通过削减个体的独特价值损失恐惧，促进个体的知识归档意愿从而促进了知识和信息的分享行为
Lin等（2009）	社会认知理论	350份在线问卷收集数据	在线职业社区中，信任对于知识信息的分享会产生直接的促进作用，同时个体的知识分享自我效能、感知相对优势以及感知兼容性会对信任和知识分享行为产生中介性影响
He和Wei（2009）	标准技术接受和使用理论UTAUT	161份企业在线系统用户问卷调查数据	社交关系对于个体的知识信息共享信念有着显著的影响，管理性影响对于个体的贡献行为有着不同的影响，互助性收益对于知识贡献行为影响不显著。报酬的影响对于知识贡献行为有显著的影响，个体的信念对于知识信息贡献行为有着显著的影响
Choi等（2010）	交互式记忆系统	743份团队个体截面调研	IT支持对于知识信息的分享和应用有积极的促进作用。并且，知识信息分享有利于知识的应用，从而可以提升团队绩效。知识应用完全中介影响知识分享对于团队表现的作用
Chen和Hung（2010）	社会认知理论 社会交换理论	323份来自企业虚拟社区个体数据	互惠性规范、人际信任、知识共享自我效能以及感知相对性优势会显著地影响知识分享以及应用。集体主义行为会对社区的提升产生促进作用
Chang和Chuang（2011）	社会资本理论 参与卷入	318份在线问卷调查数据	社会资本在虚拟社区的知识分享中，有着非常重要的作用，此外个体的参与会调节性影响个体的利他动机以及信誉对于知识分享的影响

续表

文献来源	理论基础	样本数据	主要结论
Zhou 和 Li（2012）	知识基础论（KBV）	研究 1：177 份企业样本研究 2：68 份企业样本	知识广度（breadth）有利于企业市场知识的获取，同时不利于知识共享，知识深度（depth）与知识的获取和分享均呈正相关关系
Jadin 等（2013）	扩散理论 社交价值取向	256 份线上个体数据	通过回归分析发现，wiki 的作者群体相对而言均有更高层级的创新风格以及亲社交的价值取向，此外，个体的内在动机会调节影响作者群体的亲社交价值取向
Shi 等（2014）	弱连带优势理论 社会交换理论	140 天 24403 份微博客（推特）数据	通过极大似然法，结果表明弱关联关系更有可能参与内容分享的社会交换过程，内容转发概率单向粉丝高于双向粉丝的 3.1%
Zhang 和 Kizilcec（2014）	匿名性个体隐私	152 人在线实验数据	对社会化媒体内容的熟悉程度会显著影响个体的内容分享行为。首先，在匿名条件下，不熟悉的内容个体更可能会分享。其次，有争议性的内容比没有争议性的内容更可能被分享

基于表 2 - 1 的分析结果，可以发现，虚拟社区背景下的知识及信息分享研究采用的理论既体现了经典行为理论对个体行为的解释力，又体现了新环境背景下非传统因素的显著影响。例如，线上用户中广泛采用的理性行为理论（theory of reasoned action）、技术接受和使用模型（unified Theory of theory of acceptance and use of technology）等 IS 领域中的经典理论，以及社会认知理论（social cognitive theory）、社会资本理论（social capital theory）、社会交换理论（social exchange theory）、扩散理论（diffusion theory）、弱连带优势理论（the strength of weak ties）等。在表 2 - 1 的文献中，Bock 等（2005）、Hsu 和 Lin（2008）的研究采用了理性行为理论；He 和 Wei（2009）的研究采用了标准技术接受和使用理论；Chiu 等（2006）、Chang 和 Chuang 等（2011）的研究采用了社会资本理论；Lin（2009）、Chen 和 Hung 等（2010）的研究采用了社会认知理论；还有 Renzl（2008）的个体独特性价值损失恐惧（the fear of unique value damage），Choi 等

(2010) 的交互式记忆系统，Jadin 等（2013）的扩散理论，Shi（2014）的弱连带优势理论。在涉及个体内容分享行为的研究中，较多学者基于理性行为理论（Ajzen 和 Madden，1986）以及计划行为理论（Ajzen，1991）、技术接受模型（Venkatesh 等，2003）等在信息线上用户经典理论的基础上，结合具体研究情境，引入新的研究变量对理论框架进行扩展。

研究涉及的变量包含：①个体动机因素：分享乐趣（enjoyment）、信誉（reputation）、利他动机（altruism）、结果期望（个人以及集体方面的 outcome expectations）。②社交性因素：包含结构性资本方面社交节点（social tie）以及网络中心性（centrality），如社交节点（social interaction ties）对信息共享的影响（Chiu 2006），弱关系（SWT）对个体内容分享的影响（Shi 等，2014），社交关系（social tie）对内容生成的影响（Zeng 和 Wei，2013）等；包含关联性资本维度，如信任（trust）、互惠规范（norm of reciprocity）、身份认同（identification）还有承诺（commitment）等；包含认知性资本维度，如分享语言（shared language）、分享愿景（shared vision）、自我专业知识（self - rated expertise）、领域内经历（tenure in the field）等。③个体感知方面的因素（climate），如友好性（affiliation）、创新性（innovativeness）以及交互性（transactive）等。④其他因素，如因素（privacy）、自我价值感削减恐惧（fear of unique value damage）、个体价值取向特质等（personality orientation）。不管是传统在线社区环境下的个体知识分享，还是新媒体环境下的个体用户内容分享行为研究、社会资本几个维度方面的因素不可避免地产生了广泛的影响，此外，新环境下也凸显出一些比如参与卷入（engagement involvement）、个体特质（personal traits）等新兴因素的角色作用。

通过对在线环境下个体知识和内容分享行为研究的国内外相关文献的整理、阅读和思考，得到如下四点结论：①线上用户领域中应用的经典理论，如理性行为理论、计划行为理论以及技术接受和使用模型为虚拟社区中知识和信息的分享行为研究，提供了应用扩展的基础。基于这些理论的研究，通过引入新的影响因素，探究了技术及时代变化对个体认知和行为的作用机理，得出了许多具有启发意义的结果，从而为本书的开展提供了思路，奠定了基础。②在线环境下，社交因素（例如，个体间的社交节点、规范、共同话语还有认同感）等，不仅对于个体的知识信息的分享态度、意愿有着非常重要的影响作用，这些因素会直接地作用于个体的在线分享行为。在社会化媒体的背景下，个体间的信息扩散以及分享行为是整个社区得以维系和发展的基础机制，而个体间的关系关联无疑是个体在志愿性的信息传递过程中所需要考量的重要因素。③个体的内源性动机（intrinsic motivation）不同于外在的报酬激励以及制度设置，会对个体的知识和内容分享产生重要影响。社会交换理论假设，人们的互动行为基于一种社交性回报的预期，即通过这种交互活动会获得诸如赞许、尊重以及信誉等收益（Wasko 和 Faraj，2005），从而导致这些因素会直接对个体的在线信息和内容分享行为产生重要影响。④个体的性格特质（personal traits）以及个性倾向（personal orientation）会对个体的线上知识和信息分享行为产生重要的影响作用。在一些社会化媒体背景下的研究中，如 Jadin 等（2013）在个人特质以及社交社区内容贡献的研究中发现，个体的社交认知倾向会对个体的内容贡献行为产生显著的影响作用。在线上用户研究领域，较多研究专注于个人因素（personal factors）的作用，个体特质影响方面的文献并不多见（McElroy 等，2007）。因此，内容分享的背景下，个体特质的影响是值得关注的方向。

二、线上社区与用户口碑

随着社交类应用的兴起，社会化分享已经引起了营销界的重视。企业家们越来越关注社交网络和媒体的口碑传播（word－of－mouth）效力。在线环境下，口碑行为由意见领导、意见搜寻以及分享传播三个维度构成（李晓娥，2011）。基于Chevalier和Beinecke（2006）的研究，网络中的转发行为和内容传播评论行为是口碑效应的结果，而分享行为往往被概念化为口碑行为的一个重要组成维度。电子口碑效应被定义为网络环境下个体间产品信息的交换行为。因此，在网络环境这一大情境下，影响信息交换行为的要素被认为是口碑研究的重要部分。新背景条件下，口碑研究涉及口碑传播来源（information source）、个体特性（personal traits）、内容（content）、策略（strategy）和渠道（channel）等方面。在口碑效应的线上传播中，体现了由科技所带来的信息分享和内容分享媒体行为的变化，而口碑传播则成为左右顾客以及潜在顾客购买决策及行为的主要因素来源之一。

国内外学者很早就关注到口碑效应的重要作用，并且出于不同的视角以及研究方法对口碑传播的各个方面进行了较多的分析探讨。本书整理了虚拟社区以及社会化媒体为背景下，与本书目标接近的口碑研究相关文献进行检索和整理，依照研究采用的基本理论、研究的样本来源以及研究的主要结论对文献进行了汇总，结果如表2－2所示。

表2－2　虚拟社区中口碑传播研究

文献来源	理论基础	样本数据	主要结论
Chevalier和Mayzlin（2006）	评论者行为类型 销售类型 difference－in－difference	3587份随机书籍样本5年数据 Amazon，bn	通过对Amazon和bn的口碑评论实证回归分析表明，消费者的评论口碑在两个平台上均比较倾向于积极方面，并且在Amazon平台上更加注重细节。此外，两个平台上销量的区别于两个平台上的口碑评述数量呈关联关系，并且与评述评分成关联关系
Jansen等（2009）	品牌满意（brand satisfaction）	美国商业周刊前100品牌在推特上的13周真实数据	大约19%的微博客个体提及了产品或组织的品牌；20%的涉及品牌的微博客内容表达了对于组织、产品或服务的评价和观点；50%的涉及产品、服务或者组织的内容是正面的，35%的是负面的，剩余的是中立的；电子口碑在微博环境下，需要持续性（60%的相关内容热度无法持续一周）；技术改变个体的沟通方式；企业用户在口碑的传播中起到杠杆式的作用

续表

文献来源	理论基础	样本数据	主要结论
Trusov 等（2009）	动态关系模型（描述动态关系的向量自回归模型，VRA）	某个主要的社交网站 36 周签到以及涉及的用户互动和媒体互动数据	社交网络背景下口碑推荐对新顾客的获取有着重要影响；用户对于口碑内容的签约弹性（the elasticity for signup）要高于广告内容，口碑弹性高于社交网络环境下营销事件（marketing event）的 20 倍，是媒体露面（media appearance）的 30 倍
Kozinets 等（2010）	hype - to - honey 理论顾客间影响模型	基于一项在线博客促销中筛选的 80 个有影响力的样本数据	公共规范对于消费者评估口碑传播者具有关键性影响；虚拟社区环境下消费者—营销者混合模式受到的传统社交契约影响与传统商业关系不一致；口碑传播者使得营销信息在社区内更加可信、相关和受欢迎
Berger 和 Campell（2011）	产品特性（product characteristics）	基于 300 多种产品的现场研究	新奇的产品更有利于促发即刻的口碑效应，然而在口碑的延续性方面没有区别；拥有环境暗示或者更多的公众可见性的产品会同时拥有口碑的即刻性和延续性
Cheung 和 K. O.（2012）	内动机、集体主义、利他性、自我效能	203 份来自 openrice 用户的调查问卷	实证分析表明利己动机中的信誉会正向促进个体的电子口碑传播意愿；个体的集体主义感知：归属感会显著地影响个体的电子口碑传播意愿；利他动机：帮助偏好会显著影响个体的在线口碑传播意愿
Cheung 和 Thadani（2012）	社交沟通框架（social communication framwork）	25 篇基于个体层级的相关电子口碑研究	目前在线电子口碑研究区域包含：响应（responses）、刺激物（stimuli）、沟通者（communicationrs）、接受者（receivers）以及情境因素（contextual factors）。涉及的理论包含：双过程理论、人际理论、认知匹配理论、社会临场理论、社交节点等。对 eWOM 的研究提供了理解性的文献概述
Berger 和 Iyengar（2013）	沟通渠道影响（channels）	四个关于沟通渠道和表达的实验研究	文字渠道（online and text）使得人们更多地关注有趣的产品和品牌；异步式的沟通方式对于人们的关注点改变有重要的影响作用；自我提升（self - enhancement）在人们观点改变中有着重要的影响
Lovett 等（2013）	社交性、情绪性以及功能性三因素框架	线下口碑：日记式 survey 线上口碑：43 万条来自 Twitter 以及社交网络及论坛数据	品牌在两个方面对于个体的口碑行为有着显著性的影响：首先是社交性、情绪性以及功能性的综合性影响。口碑行为不仅仅只与单独的品牌特质相关。其次是品牌特质的角色作用在不同的口碑渠道（线下 vs. 线上）中有着显著的区别，新品牌在线下讨论得较多，而优质品牌获得更多的线上口碑。此外，渠道影响了驱动因素对于口碑影响的重要性，在线上的口碑中重要性排序为社交性、功能性以及情绪性，而线下排序为情绪性、功能性以及社交性

续表

文献来源	理论基础	样本数据	主要结论
Lu 等（2013）	促销和口碑	中国最大的餐饮评论平台线上数据 3 年的截面数据	实证分析表明，在线促销和评论会显著影响产品的销售，在第三方评价平台上的促销活动对于企业而言是有效的营销工具。此外，在口碑信息和营销信息共存的环境下，口碑数量和折扣提供量之间存在着替代性关系，而口碑数量和关键字广告存在着互补性关系
See－To 和 Ho（2014）	信任理论（trust theory）技术接受模型（TAM）	电子口碑和顾客信任相关研究，社交网络电子口碑、价值共创、信任信念以及购买关联文献	基于建立的结构方程模型，研究指出电子口碑效应可以通过几个渠道影响个体的购买意愿：首先是直接性影响，其次是通过信任的不同方面起到调节作用（例如，基于制度的信任和信任信念），最后就是价值共创过程。此外，口碑信息的来源同样会调节性影响前面提到的构念
Zhang 等（2014）	形象受损（image impairment）心理特质（psychological characteristics）	425 份美国消费者调查 151 名得克萨斯大学双因素实验 300 份在线数据	实证结果表明：在负向口碑传播中，男性相对而言更注重考虑自我，而女性相对而言更注重考虑他人。不管男性、女性均在相对自我关注的类型前提下，表现出互助的心理解释。此外，相对男性而言，女性更倾向于披露自我，因为女性之间的关联会对她们的口碑行为产生更显著的影响；并且在口碑传播中的社交背景下，相对男性而言，女性趋向于风险偏好，而男性持更保守的态度

从表 2－2 中可以看出，首先针对社交背景下线上口碑性内容传播影响因素和机制的研究中，涉及最多的因素是在人际间的社交关联机制和因素：具体来看，Trusov 等（2009）的研究中的动态关系模型（dynamic relationship model）；Kozinets 等（2010）的顾客间影响模型（consumer interpersonal influence model）；Cheung 等（2012）基于社交圈子中的集体主义这一因素，Cheung 和 Thadani（2012）的社交沟通框架（social communication framework）；Berger 和 Iyengar（2013）涉及的沟通渠道因素（communication channel）；Lovett 和 Peres（2013）涉及社交性（social）因素；See－To 和 Ho（2014）涉及信任理论（trust）。其他研究涉及的因素包含：品牌因素，如 Jansen 等（2009）的品牌满意（brand satisfaction)；同侪相互的影响因素，如 Kozinets 等（2010）的顾客间影响模型（interpersonal influence among consumers)；产品特性的影响，如 Berger 和 Campell（2011）基于不同产品种类（product characteristics）口碑的线上以及线下研究；针对营销类内容传播的特定感知，如 Zhang 等（2014）等个体感知的形象受损风险（image - impairment)；传播者性格特质（personal traits)，如 Zhang 等（2014）基于男女性别间不同的特质取向对个体口碑线上传播的实证探讨。其他一些因素，包含销售类型（Chevalier 和 Mayzlin，2006)、hype - to - honey 理论（Kozinets 等，2010)、内动机、利他性（Cheung 等，2012)、社交沟通框架（Cheung 和 Thadani，2012)、情绪性（emotion)（Lovett 等，2013)、功能性（function)（Lovett 等，2013)、促销和口碑（Lu 等，2013）以及信任理论技术接受模型（TAM)（See - To 和 Ho，2014)。

基于表 2 - 2 的总结分析，并通过对有关口碑传播影响因素的国内外文献的仔细分析、阅读和整理，可以得到如下四点结论：①研究中涉及最多的因素是社交性因素，包含社交资本中的关联关系、共识规范以及人际影响。②尽管较多的学者针对社交性影响因素的相关作用和机理展开不同的研究视角，如基于消费者间影响、基于信任以及基于集体主义等因素，然而产品本身的特性、特征以及品牌因素等基于产品和企业本身的因素对于在线口碑传播有着非常显著的影响。一些研究对品牌与在线口碑中影响展开了方向性的探讨，我们对品牌影响和口碑传播这两个营销学中的关键主题之间的关联作用仍然所知甚少（Jansen 等，2009)。可见，在社会化媒体背景下，更好的量化品牌影响对于营销内容传播行为的影响具有重要的现实意义。③在确定口碑传播的机制因素构成中，情绪性和功能性两个重要区分应当引起重视。事实上，在 Lovett 和 Peres（2013）的研究中，口碑传播中的社交性、情绪性和功能性三个因素是口碑传播行为影响框架的主要组成部分。情绪性代表了情感（emotion)、感觉（feeling）等个体情绪化感知对于口碑传播行为的直接影响，而功能性考虑了个体基于功利和实用方面的考量，代表了个体对重要性（important）、相关性（relevant）等方面的考量。在涉及线上营销信息传播分享的情境下，目前情绪性和功能性因素的影响还非常欠缺，有进一步深入讨论分析的必要。④在线环境下，心理特质对于口碑传播的重要作用应当引起足够的重视。在 Zhang 等（2014）的研究中，不同性别的心理特质区分，显然对个体的口碑传播产生了关键性的影响，例如，女性个体更倾向于自我披露，并且有着更好地为他人考虑的倾向，受关系关联的影响最为显著，此外，对于口碑传播中的风险也持更积极的立场。社会化媒体环境中营销内容的传播背景下，不同心理特质同样有着重要的角色作用，对于心理特质和个人性格所引起的认知方式的差异探讨，有助于我们进一步了解个体特质在线上用户环境下对于个体行为的影响（McElroy 等，2007）。

三、社会化媒体与广告

随着诸如脸书、推特、微博、微信等社会化媒体类应用的繁荣，这一领域吸引了相当多的关注。社会化媒体类应用给了用户们完美的信息共享和接收平台，与此同时，社会化媒体类的应用也给了营销者们一个绝佳的机会，在众多的个体用户中去传播自身相关的信息。有研究表明，81%的营销者通过在社会化媒体中制造有效的曝光来为他们自身的商业提供帮助（Li 和 Shiu，2012）。因此，寻找合适的途径来实现在线媒体中的广告目的成为一个重要议题。广告投送的有效性取决于对电子化条件下目标个体偏好的理解，用户们无疑对自身的朋友相当了解，而用户的隐性信息，对于营销者而言缺乏透明度。从广告学的视角来看，社交广告是一种朋友之间分享信息的推介系统，社交广告利用了个体用户间的关联来实现一种广告活动（Li 和 Shiu，2012）。基于广告传播的视角，已有相当数量的研究展示了社交环境下个体对于广告内容和宣传的认知方式和行为态度的特点以及一些重要的影响因素和投送模式。本书按照社交广告传播的视角以及自身的目标设置，对有关社会化媒体用户的广告认知和行为的相关研究进行了整理，主要的汇总结果如表2-3所示。

表2-3 社交广告传播的相关研究

文献来源	理论基础	样本数据	主要结论
Wright等（2010）	消费者阻力（consumers resistance）	2009~2014年美国interactive marketing投入数据	更吸引人和具有娱乐性的社交广告有利于降低消费者个体的抵抗心理；在社会化媒体中，“连接者”（connectors）角色对于营销者与目标群体的沟通起到重要作用；社交广告倾向于建立与消费者用户长期持续的关系；互动性和定向性成为广告投入方面的新趋势；在新媒体中定位并且与创新性领袖，如“连接者”、行家、销售人员等建立关联对于企业十分重要
Kelly等（2013）	营销沟通推拉模型（push-pull model）	23个案例定性探索研究+8个用户访谈研究	研究结果表明，除了先前的负向经历和体验会对社交网站中的广告回避行为产生影响，首先，广告内容本身的相关性（relevance）和可信度（credibility）是社交网站环境下广告回避行为的重要理由；其次，该环境下，广告内容的相关性和可信性是相互关联的，因为如果广告信息被认为相关度低，会影响个体所感知到的媒介本身（poster）以及广告内容的可信度；此外，他人的负向经历会对个体的社交广告态度产生影性，低目标性、低趣味性的内容会显著提升广告回避行为
Hill和Moran（2011）	自我认知（self-cognition）社会认知理论	1970~2010年社交营销研究评估	通过对这些研究的分析总结发现，更高层级的互动性、反馈、激励、定制、透明以及扶持是社交类广告营销的基础性成功要素；下线的支持以及用户个体的细化区分是社交类广告目前存在的薄弱环节；在新的年青一代成为关键目标的时代，企业需要面对因新媒体而产生的机会，并面对进入新环境、了解新环境下个体特性的挑战
Taylor等（2011）	媒体使用及满意理论（media use and gratification theory）	基于社会化媒体环境下在线广告下用户态度的数学模型	虽然，广告内容在社会化媒体环境下的推广会有效果，同时也会给用户造成过度化商业开发的感知。模型结果显示，社会化媒体环境下，个体会对娱乐性和信息价值的广告内容持更加积极的态度

续表

文献来源	理论基础	样本数据	主要结论
Bakshy 等（2012）	社交信息预测性（predictive aspects）同侪影响（peers influence）	脸书上的所有用户中的随机样本（facebook）	针对社交广告的情节反应率随着个体的网络相关伙伴数量而提升，虽然由个体关系数引起的个体行为不能够反映出个体关系量的增加性影响，同质化显然是引起回复增量的一个明显的原因；另外，无论是在社交线索或者非社交线索的背景下，社交广告的反应率随着关联（social tie）的强度而提升。此外，与预期相符，相对于弱关联节点；社会影响、同质性以及其他异质性来源会在强关联节点的条件下有着更高的作用
Li 等（2012）	社会影响理论动态社会影响理论	通过开发的 SEAD 脸书应用，312 个实验参与者	在社交网络环境下，基于社交影响理论，重要节点的代言概念对于个体的行为决定有着显著影响作用；个体的广告行为受到规范性和信息性因素的影响；影响会通过个体的社交链接和互动性来进一步传播
Aral（2012）	同侪影响（peer influence）社交蔓延（social contagion）	基于脸书中某应用在传播过程中 9687 个初始用户实验数据	通过实证性的随机实验表明，病毒性的设计属性可以引起社交蔓延效果，病毒性设计会在社交性蔓延和同侪影响中产生可观的经济性影响；通过随机性实验表明，病毒性涉及可以提升 400% 的社会蔓延效果；被动式的广播病毒性广告信息会比主动式的定制化病毒广告信息产生更多的同侪影响和社会蔓延效果；相对于被动式病毒性设计而言，主动式定制化病毒性设计会产生更多的同侪采纳效果
Carmichael 和 Cleave（2012）	社交可用性（usability）	基于脸书的某广告案例调查研究	社交广告的有效性建立在消费者的接受度上；基于脸书平台的社交广告，相当部分的点击来源于谷歌等速锁引擎；虽然在社会化媒体环境下，个体针对广告的接受度与传统媒介对比而言发生了改变（认为这个位置的广告可能在错误的地点，缺乏说服性），大多数的用户还是接受了这一现实
Vries 等（2012）	营销传播（marketing communications）	针对 11 个跨国品牌社交网络中内容推送的跟踪分析（2010. 4. 24 ~ 2011. 2. 18）	内容的置顶位置会对内容的流行度产生影响；更生动活泼（vividness）以及交互性的品牌内容投送特质有助于提升社会化媒体用户的针对该内容感知，同时有助于提升个体的评论数量；针对正向评论的分享会对个体针对该内容的感知产生正向影响；正向负向的内容评论分享对于评论的数量会产生正向的影响

续表

文献来源	理论基础	样本数据	主要结论
Okazaki 和 Taylor (2013)	网络能力形象转移性个体扩展性	基于已有的文献，识别社会化媒体中广告的三个重要理论基础构架	网络能力值个体能够对信息进行生成、创造、组织以及共享的控制能力；形象扩展性代表了线上品牌形象构建的关键方面；个体扩展性基于人类迁徙理论，表示在社交网络中的高度迁徙性。线上社会化媒体中广告传播的有效性取决于网络能力（network capability）、形象转移性（image transferability）以及个体拓展性（personal extensibility）三个方面；三个因素跨越地理以及心理层级相互影响
Tucker (2014)	隐私与定制化（privacy 和 personalization）	基于脸书广告平台的公益化页面推广 79 个广告案例现场研究（field study）	广告类网络平台如果需要用户数据加强自身的服务应该给予用户因素设置；通过给个体提供因素设置，定制的推送信息得到了几乎两倍的正面积极响应；而个体对于随机发送的广告和给定制个人发送的广告在经济上没有显著的改变；公开给用户控制自身隐私信息对于广告支持的媒介和广告者都有益处

通过对表 2-3 的整理分析，可以发现在社会化媒体背景下，社交广告的影响力在传播研究中，首先，涉及最多的理论概念是同侪影响作用（peer influence），如 Bakshy（2012）等针对社交类广告的社交影响力现场实验研究；Li 等（2012）的社交广告影响力背书人研究（influential endorsers）；Aral（2012）的社交蔓延和社交影响的在线设计属性研究；Vries 等（2012）的其他个体正负向评论导致评论数量增加的研究；Okazaki 等（2013）在研究中提出的个体共享以及信息意见迁徙等社交广告的影响力传播因素。其次，在相当多的社交广告研究中，都讨论了个体对于社交类广告可能存在的负面因素感知，如在 Wright 等（2010）的研究中，个体对于社交类广告的预设逆反心理（consumer resistance）；Kelly 等（2013）的研究中的个体社交广告回避行为；在 Taylor 等（2011）的研究中所提到的个体在社会化媒体中对于广告类内容的过度商业化感知；正如 Carmichael 和 Cleave（2012）的研究中所表明的，个体可能会觉得广告内容出现在社会化媒体中是不合时宜的；Tucker 等（2014）的研究中社交广告推广中隐私关

注所导致的低正面性回应。其他用到的理论以及重要影响因素包含社会认知以及社会认知理论（Hill 和 Moran，2011）、媒体使用及满意理论（Taylor 等，2011）、社会影响理论以及动态社会影响理论（Li 等，2012）以及营销沟通推拉模型等（push – pull model）（Kelly 等，2013）、社交蔓延（social contagion）（Aral，2012）、个性定制（Tucker，2014）、社交可用性（social usability）等（Carmichael 和 Cleave，2012）。

结合表 2 – 3 针对社交广告（社会化媒体平台中广告）传播影响因素的国内外文献的分析和总结，可以得到如下一些结论：①在社会化媒体平台中，营销内容的传播应该重视基于平台特性的社交相关因素的影响，如同侪影响、沟通方式、关联节点、社交关系等因素。②在社会化媒体中，个体针对营销者生成的广告推广类内容的负面性认知的影响不可忽视。根据研究文献的整理，个体对营销者生成内容的负面性认知表现在以下几个方面：消费者针对广告内容的抵抗心理（resistance）、广告回避行为（avoidance）、自我和他人负向经历的影响以及隐私顾虑等。③针对营销内容的传播效力研究，不应该忽视媒体平台本身从用户使用、规则设置以及网络能力等方面，具体来讲包含个体对技术工具方面使用的认知态度及满意度，包括个体社交、分享、创造内容的控制能力，包括个体因素顾虑以及低相关度信息所带来的比如低可信度和垃圾信息顾虑等。

四、研究现状讨论与小结

由于本书对社会化媒体环境下营销内容传播展开讨论，因此本章对关系到营销内容传播的相关三个主题领域（虚拟社区信息以及知识共享、虚拟社区背景下的口碑传播、社会化媒体背景下的广告影响力传播研究）的研究进行了全面系统的梳理和总结。结合本书的关注视角，总体上来看，现有的文献梳理对我们有着以下一些方面的启示：

（1）虽然营销内容传播不完全等同于传统的知识分享背景，个体线上关系以在社交网络中与其他个体的关联对于个体的信息分享行为依然有着不可忽略的影响作用，应当在研究中对于社交因素的角色作用展开并关注。通过文献梳理，可以发现不论在传统的知识和信息分享背景的研究中，还是在社交类广告和口碑传播的研究中，社交因素以及个体与其他个体的关联关系都对个体的分享传播行为产生了重要影响。本书考虑到个体用户线上社交关联的影响，将在后续文章中探讨社会资本对个体营销内容分享的影响。

（2）在传统的知识分享研究中，利他动机以及个体的内在动机是影响个体信息和知识分享的关键性因素。在已有的传统知识和信息分享研究中，一致证实了个体内在动机以及利他动机对于个体信息以及知识分享的显著影响作用。本书的后续讨论会借鉴传统知识管理研究，构建线上社交广播用户营销内容分享研究模型，同时对个体的这部分动机的影响展开讨论。

（3）针对情境性因素的影响在信息和知识传播中的影响作用相关的研究十分有限，使用解释水平理论在解释心理距离各个维度对于个体线上动机和行为影响方面具有统一以及基础性的视角优势，为全面深刻认知和理解情境性因素对于个体线上行为动机和心理过程的影响提供了十分有益的理论基础。同时解释水平理论针对多个心理距离维度的统一视角以及心理距离对于个体认知的影响机理，为实践管理方面提供具有针对性的操作对策以及建议。因此针对情境性因素的影响作用展开讨论，可以更好地揭示个体用户线上行为决策的动机机制，对现有研究文献的薄弱环节进行补充。本书的后续章节会讨论解释水平理论对位置因素（空间距离）以及个体与商户关系因素（社会距离），在营销内容分享行为、赎回购买行为决策动机的影响。针对社交—空间（social - spatial）因素对个体决策的关联影响展开讨论，有助于对新媒体环境下对个体动机和心理过程的影响实现整体性的把握，从而为以后情境因素理论和实证研究的开展提供借鉴。

（4）由于个体隐私以及垃圾信息对个体控制感的影响、广告侵入感等因素对个体针对广告营销类内容的影响不可忽略，而逆反心理则提供了一种基础性的解释。在社会化媒体背景下的广告传播研究中，众多的研究都曾关注到个体对广告负向认知的影响机制以及相关因素，如 Wright 等（2010）的研究表明，个体对社会化媒体背景下的消费者阻力以及抵抗心理（consumer resistance）；Kelly 等（2013）的个体对于广告内容的回避；Taylor 等（2011）提及的过度商业化感知，此外还有 Carmichael 和 Cleave 等（2012）所描述的广告有效性建立在广告的接受度上，社会化媒体中个体针对广告类内容的接受度与传统环境下存在区别。这些研究表明，个体针对社会化媒体环境下的广告营销内容，从不同的方面体现了一种潜在的负向立场。虽然这些不同的研究都孤立地注意到了这一现实，但都未能针对个体的这种倾向提供理论性的解释。根据心理逆反理论，如果个体感知到自由威胁以及控制感削减，会引发逆反心理，从而导致一系列的后续行为动机。因此，本书在后续讨论中会考虑引入心理逆反理论，描述控制感知和广告侵入对于个体内容分享行为的影响，从而为社会化媒体背景下用户个体针对广告内容的潜在负向立场提供合理的研究逻辑基础和理论基础。

（5）虽然在社会化媒体背景下，营销内容的传播本质上仍然是内容信息在虚拟社区背景下的一种传播过程，商业背景的影响对于内容的传播影响起到了非常重要的作用。在线上口碑传播研究中，品牌以及产品特征对于个体的口碑行为以及内容传播产生了关键的影响作用。例如，在 Jansen 等（2009）的研究中，相当部分的微博用户口碑传播中都涉及了产品以及组织的品牌，品牌满意对于个体的口碑信息传播起到了重要作用，在 Lovett 和 Peres（2013）的研究中，品牌对于个体口碑的影响表现在社交性、情绪性以及功能性等几个维度。此外，如 Berger 和 Campell（2011）的研究表明，产品本身的属性对于口碑的传播有着重要的影响作用。这些研究暗示了在营销内容传播中，品牌影响和产品服务属性有着不可忽略的角色作用。因此，本书的后续讨论会从产品类型角度为出发点，引入品牌影响来探究这部分属性对于个体线上内容分享传播行为决策的影响。

现有文献虽然从不同的角度针对新背景下的线上信息分享扩散行为展开了论述，但仍存在以下一些方面的不足。现有文献中针对这三个方面研究的缺失，促成了本书研究的动机，从而使得本书得以在这三个方面对现有的成果提供有益的补充，从而实现自身的创新和贡献。

（1）基于情境影响的线上行为研究中，对于心理距离不同维度之间关联和作用关系的研究还相当有限，基于解释水平理论的研究主要局限于心理距离以及心理解释上的匹配效应。鉴于新媒体环境下情境因素的重要影响力，众多的研究探讨了位置、关系等因素对于个体行为的影响，然而，除了 Scellato 等（2011）的研究开始考虑社交空间的交互影响作用以外，其他的研究甚少考虑到新媒体环境下的这些因素的关联作用。并且，在 Scellato 等（2011）的研究中，显然缺乏一个理论基础来解释这些因素的作用以及因素间的相互联系。本书后续将通过引入解释水平理论来探讨 socio－spatial 因素对个体内容赎回决策和转发决策的区别性影响，一方面扩展了目前信息分享的研究视角和影响因素的认识，另一方面通过探索分析不同心理距离维度在个体线上行为中的影响作用和影响关联，对解释水平理论的研究提供了有益的扩展和补充。

（2）过去的知识和信息分享研究因素在社会化媒体背景下的内容分享行为中的作用角色还有待检验，此外，个体特质对信息分享影响的相关研究也十分有限。一方面，过去基于知识和信息分享研究的相关因素，都是在传统的线上环境下进行的，在新情境下的角色作用还有待检验，从而为企业的管理和决策提供有益的指导和参考。另一方面，个体特质的影响在线上个体行为中的作用角色探索研究还相当少见，本书后续章节会考虑通过引入个体防御角色，可以分析风险以及损失规避倾向对于个体营销类内容分享的影响。同时，在调节定向理论的相关研究中，较多的研究主要基于个体历史以及情境的调节定向对于个体的行为影响展开讨论，而针对不同层级的个体防御成就影响的区别探讨则相当少见。因此，对该方面的讨论有利于厘清新媒体环境下，传统知识分享影响因素以及个体特性对于个体内容分享行为的影响作用，并且对于调节定向理论相关的研究而言，也能做出有益的补充和扩展。

(3) 作为目前营销学以及线上用户行为研究中的两个重要主题："品牌影响"以及"用户参与"吸引了大量的关注，然而极少有研究考虑到这两个基础性因素之间的关系。除了 Goh 等（2013）的研究以外，极少有线上用户的研究结合考虑虚拟社区中品牌以及个体用户线上行为之间的关联性影响。通过建立基于个体情感/认知双反应动机的营销内容分享意愿影响模型，能够加深品牌等商务背景因素以及个体认知、互动参与之间关系的理解，丰富现有研究对这些因素之间作用关系的认知，同时也能对企业在新媒体环境下的管理和营销活动提供指导和帮助。

第三章　位置与情境影响

“零售的核心价值在于地产，这就是为什么有这样一个古老的说法：位置、位置、位置。”

——杰夫·贝佐斯（亚马逊创始人）

在移动互联时代，个体依据特定自身兴趣、目标等因素在移动社交类应用中聚集互动、交换信息、制造话题（Shi 等，2014），与传统的纸质推送内容以及线上推送内容相对比，消费者们可以选择赎回使用电子化的营销内容，同时也可以方便地通过移动网络应用分享给其他个体（Shi 等，2014）。传统上，折扣券作为一种营销内容，具有价格歧视的独特优势，被视作富有成效的广告工具来获取新的顾客群体，在移动化网络时代有着广阔的市场前景（Dickinger 和 Kleijnen，2008）。企业和研究者们对于位置服务（LBS）方面进行了相当多的开发和研究，事实上，位置成为了移动互联时代一个决定性的影响因素（Scellato 等，2011），一方面，提供商可以通过移动用户的位置信息定制和推广自身的产品和服务；另一方面，企业基于获取的用户位置数据、线上关系，建立非同以往的顾客关系管理体系。针对基于位置的营销内容相关的个体行为研究，有助于我们对新技术条件下的消费者行为加深理解，并且对企业的在线营销策略提供参考。

在移动化、社交化的网络时代下，情境性因素比如位置（location）以及关系（relationship），对诸如促销、广告、折扣券等营销内容的传播和接受方面有着不可忽视的影响，吸引了企业和研究者们的重视。因此，本书有以下三个动机：①虽然个体经常与朋友们共享特定的商业性内容从而帮助他们获取满足他们需要的有用信息，但是相当少的研究涉及针对营销内容的自发性内容分享行为（Shi 等，2014）。②在一定程度上，通过结合位置因素和客户企业关系因素，我们的讨论意图补充空间性因素和社交性因素结合上的理论缺口（Scellato 等，2011）。③鉴于部分研究混淆了营销内容赎回和转发两者之间的概念（Xu 等，2009），本章希望能进一步从个体动机影响的角度上厘清在社会化媒体背景下营销内容赎回使用意愿和转发意图之间的区别。

一、解释水平与认知偏好

（一）主要观点

个体依据经验从思维上记录和评价人物、事物以及其他相关的情况，从而容易限制于自身（self）和当下（here and now）的视角之中，而时间和空间则是从经验感知上影响人们认知和决策的两个重要原因。研究者们依据时间以及空间感知对个体的影响为基础，提出了许多有价值的学说，而 Trope 和 Liberman（2003）注意到了这些因素背后的心理考量模式的共性，人们在面对自身心理直观感受较近的事物时，倾向于采用具体的，相对非结构化以及情境化的方式进行解释呈现，这在解释水平理论上被定义为低解释水平（low construal level）；而当面对自身心理直观感受较为陌生和遥远的情况下，倾向于采用抽象的、图解的、脱离情境的方式解释呈现，这在解释水平理论上被定义为高解释水平（high construal level）。

在 Liberman 和 Trope（2008）的研究中，心理距离（psychological distance）

引申为时间距离（temporal distance）、空间距离（spatial distance）、社会距离（social distance）以及假设性（hypotheticality）四个维度。高层级的心理解释从任意维度上而言更为遥远的物体会在个体的认知中表征为更加抽象，这是因为更加高层级的心理解释包含了对距离变化相对不变（relatively invariant）的要素特征。高层级的要素特征在诸如时间、空间、社会距离以及假设性等方面的变化上要少于低层级的要素特征，因此可以从这种认知模式来预测不同距离条件下个体的感知以及行为。虽然距离感引起了个体不同的心理解释，但心理解释本身也同样会引起个体感知距离的变化。例如，对物体跨越大范围时间、空间、社会以及假设性等视角的解读，会导致心理更加遥远的距离感知。

总体而言，不同纬度的心理距离从不同的方面、从自身视角把更遥远的事物在心理解构为更高层级的解释，而心理解释本身也会影响个体心理层面距离的感知。在行为学领域，众多的研究探讨了人们在不同情境下的反应变化，如在较近的未来（near）和较远的未来（distant future）、近空间距离和远空间距离、自我与他人、真实情境与假设情境、高概率事件和低概率事件等。解释水平理论在保留不同纬度特征的基础上，通过构建心理距离这一共同属性揭示出人们从自身当下到自身遥远且未直接经历的事物的心理结构习惯。低层级的心理解释有助于个体体验到当下情境下的丰富细节，而高层级解释有助于个体获取事物一般意义，从而可以在一系列候选项中快速地做出选择。解释水平理论（CLT）通过揭示不同纬度距离在感知层级的关联，为我们预测、分析以及评价个体的行为提供了一个应用广泛的视角。

（二）应用现状

解释水平理论作为近年来社会心理学领域中的新兴主题，在实际的决策和评价中有着丰富的内涵和应用前景。在消费者行为的预测方面，如购买决策和意愿、品牌展现、谈判、风险承担和无耐心（impatience）等论题中均有着广阔的解释力。在相关的研究中，学者们基于情境设置的实验，对个体的解释感知和心理距离的匹配效应（fit）、不同视角下的个体偏好、认知差异以及不同纬度的影响机理展开了具有高度理论聚焦性和说服力的实证探讨和理论论述。由于在线环境下个体面临的不同选择以及丰富的情境因素，解释水平理论对于理解在线消费者心理以及行为研究有着重要的学术意义和应用价值。因此，本书结合理论研究本身的脉络与研究目标，对相关的解释水平理论研究展开讨论。

解释水平理论的研究表明，个体消费者的偏好逆转现象（preference reversals）反映了个体感知心理距离的变化（Fiedler，2007）。很长一段时间，偏好逆转研究都是消费者心理研究中实践和理论意义上的中心环节（Naylor 等，2012）。从消费者心理角度来看，广告以及营销行为都是为了改变消费者的产品偏好以及选择决策。线上的营销策略涉及诸如价格策略、品牌延伸等方面，而了解并引导个体的内在偏好的变化影响机理，对于企业和研究者们是技术进步产生的机遇和挑战。基于解释水平理论，个体的偏好改变通常反映了某个特定心理距离维度的变化。例如，心理距离对于个体决策以及定价问题方面的影响方面的研究：在 Sagristano 等（2002）的研究中探讨了时间距离对于个体彩票购买行为的影响作用，即近未来的个体选择偏好更倾向于可能获取收益的概率（即高可行性，feasibility），而在远未来的决策选择时，却倾向于可能获取的收益（即高意愿性，desirability）；此外，还有 Hertwig 等（2004）的研究表明，个体对于体验过（experienced）的概率性决策以及未体验仅仅描述性（descriptive）的决策有着不同的选择偏好；在 Wakslak 和 Trope（2009）的研究中发现采用高层级解释心态的个体相对于采用低解释心态的个体而言，对概率性任务的决策更低；Stephan 等（2010）的礼貌理论和解释水平理论表明，礼貌表达会引起个体更为抽象，更具有时间距离和空间距离方面的联想，当礼貌表达加深的时候，抽象感、时间距离以及空间也进一步增强，从而影响个体的感知以及相关行为。这些研究表明了个体的心理距离的变化、心理解释对于个体偏好以及行为的影响。

从另一个角度来看，个体针对心理距离不同维度之间的协调作用，体现出了一种心理认知方面的自动倾向。例如，在 Casasanto 和 Boroditsky（2008）的研究中，人们习惯于在推理和语言中使用空间的隐喻来表达每天的时间。从普遍意义上来讲，虽然心理距离在不同的维度来体现，这些维度之间从个体的心理感知来看也存在着一定的关联。例如，在 Bar - Anan 等（2006）的研究中，偏远的位置会导致个体更可能产生遥远未来（distant）的联想，而不是近将来的联想（near future），同时偏远的位置会更可能让个体产生与他人（others）相关的联想，而不是自己（self），此外，偏远的位置也会让个体产生低可能事件（unlikely）的联想，而不是高可能（likely）事件。这些研究表明了解释水平理论的心理距离维度以及个体心理解释之间的相互影响机理。

虽然解释水平理论认为不同的距离是相互联系的，社会距离、空间距离、时间距离还有假设性距离均具有心理距离这样的相同意义（Liberman 和 Trope，2008），然而并不意味着这些不同类型的距离作用是相同的（Trope 和 Liberman，2010）。例如，Trope 等（2010）指出“虽然我们认为心理距离的各个维度是相互关联的，但这并不意味着心理距离的不同维度是相同的”。它们在影响相关性、维度重要性和影响差异性等方面有着显著区别。影响相关性具体表现在：时间距离、空间距离、特征性会影响个体特定行为和认知。例如，在移动网络情境中，研究者们通过问卷调查（Silvis 等，2006）、手机追溯（Gonzalez 等，2008）、GPS 定位（Rhee 等，2011）、WLAN 关联（Henderson 和 Divett，2003）、蓝牙连接（Chaintreau 等，2007）等方式进行距离因素对于个体的影响。这些研究的重要结论如下：首先，距离性的影响以社会关联作为前置条件（Silvis 等，2006）；其次，在移动网络环境下，较少的位置因素可以决定和预测个体较大比例的时间性因素（Hsu 等，2007）；最后，个体大多数情况下依照近空间距离因素而确定自身的策略（Gonzalez 等，2008）。Boldriny 和 Charia（2010）在研究中发现，个体的时间属性和空间属性在社会关联属性的基础上确定个体的行为策略。Staphen

等（2010）探讨了空间距离和时间距离对于社会距离的影响，以及社会距离在个体行为中的影响。这表明，在移动网络环境下，个体的不同距离维度信息会存在相互性影响的作用（Trope 和 Liberman，2010）。

维度的重要性具体表现在：尽管不同的心理距离因素相互关联，然而不同的维度在对个体认知和行为决策的影响上不尽相同，有些维度可能更加重要。对于各个心理距离维度重要度，研究者们在不同的研究情境中观点也有不同。Boroditsky（2000）的研究表明，抽象性的概念（abstract domain）的时间因素是由更抽象、由经验决定的因素诸如空间因素来隐喻映射并且形成的。Pronin（2010）认为，由于人们对于自身的理解（perceive themselves）以及他人的理解（perceive others）定位不同，从而导致人们认知上的差异，最终导致了广泛的受影响的后果。Trope 和 Liberman（2010）的研究中表明，与其他心理距离维度相比，影响个体感知和决策的心理距离因素重要度排序在不同情境中会发生变化，相似性距离等较高抽象概括水平的维度信息（high - level）是影响个体决策的重要因素，一些心理距离维度可能是更为基础和有影响力的维度。例如，一件很久远发生的事情，由于个体自身的体验认知，因此对于个体仍然有可能处于近心理距离客体（object），因为此时此刻社会距离（自我—他人）的影响超越了时间距离（久远—临近）的影响。

影响的差异性具体表现在：虽然不同维度的距离构成了心理距离的共同理解，然而在相当多的方面，不同心理距离维度之间存在着显著差异。首先，时间距离维度是一维线性和不可控制的；空间维度是三维的和相对稳定的，可以依据个体的意愿通过接近和远离来控制；社会距离维度是部分可控的，如虽然我们可以依据自身的意愿接近某人，成功与否则不仅仅取决于我们的行为。其次，社会距离会削减积极性，如在群体之内的成员间的个体行为相对于跨群体成员间的行为会更加积极和活跃，而时间距离则会提升积极性，如个体对于遥远未来的事情的期望会更为积极和乐观。White 等（2014）探究了时间因素、空间因素、社会因素以及可能性因素对于个体疾病威胁社会认知的影响，结果表明人们更关注于心理距离近情境下的病毒疾病威胁，而社会距离维度下的影响作用最为显著。以上论述表明，不同维度影响差异性表现在可控性（controllability）、维度性（dimensionality）以及效价（valence），而这些区别是需要进一步探究的问题（Trope 和 Liberman，2010）。

（三）用户认知方面的启示

针对现有的有关解释水平理论的研究，主要集中于消费者行为和个体认知心理等领域（Fiedler，2007），对于不同维度的心理距离以及个体的心理解释层级对于个体认知和行为的影响关系进行了深入细致的探讨，从而得到了许多具有启发与指导意义的结论。根据解释水平理论，在不同维度的心理距离上，个体对于事物的评估认知有着不同的心理解释（psychological construal）应对模式：对客观事物而言，在近（near）心理距离情境下，个体趋向于低水平（具体的、细节的、低解构性的、情境相关的）的心理解释；而在远（far）心理距离情境下，个体趋向于高水平（抽象的、全局性的、高解构性的、脱离情境的）的心理解释。这些心理解释不仅是由事物的真实属性所决定，也会受到心理距离的影响。心理距离的不同维度，如时间维度、空间维度、社会社交维度、假设性、可能性等均相似性地影响个体的行为预测、行为评估，以及行为影响因素，这是因为个体随着心理距离的增加，会对事物产生更高层级的心理解释。

具体来讲，相对于近距离的事物，距离更远的事物在预测上会相对缺乏确定性。例如，个体对于对遥远未来的事情安排会更加富有信心，这符合解释水平理论中心理解释层级越高，个体对于遥远未来的预测会越自信乐观。以此原理，相对于过去的经历，个体对于未来的经历认知会更加解构化，这是因为复杂的背景信息和偶发性因素的干扰在未来情境中被淡化了（Gilbert 和 Wilson，2007）。解释水平理论除了在预测方面的应用以外，在评估方面也有着相当独特和概念化的视角。例如，对于特定事物和目标任务的评价，与目标直接相关的因素涉及高层级的心理解释，与目标非直接相关的因素涉及低层级的心理解释，因此个体针对事物的评价会在心理距离的变化上产生相应的变化，从而影响个体对于事物的评判评估感知。在对事物的评估中，合意性（Desirability）和可行性是非常重要的两个概念，合意性涉及行为的最终状态的价值，而可行性关注于达到最终状态的方法。根据解释水平理论，个体在心理距离较远的情况下，倾向于过度采用高解释水平的心理解释（合意性），而在心理距离较近的情况下，则倾向于采用低解释水平的心理解释（可行性）。这意味着，跟随心理距离的变化，个体所关注的要素会发生变化，从而影响他们对客体活动和事物的评价，如方案选择（decision）、风险选择（risk）等。此外，基于解释水平理论，个体行为方面受到心理解释和心理距离的影响可能会更加显著，如基于时间、空间、社会以及个体中心性、目标关注点等因素的影响。

总体而言，虽然解释水平理论从心理认知方面提供了非常有益的视角，从一些方面来看，仍然存在着许多值得我们去进一步探讨的问题。首先，由于心理距离各个维度的主观体验属性，难以采用统一的量表测度。其次，跟随着距离的变化，个体在进行选择性注意（selective - attention）类任务的时候，在较远距离背景下，一些外围的影响因素并非可见，随着距离的接近这些外围的因素会出现，从而干扰个体的决策过程，这时个体的合意性考虑的因素也有可能发生变化。再次，从效用（utilitaristic）的角度来看，个体对于中心因素（high - level，合意性）的关注以及个体对外围因素（low - level，可行性）的关注如何组合，才能够获得更好的决策方案也是一个值得进一步厘清的问题。最后，针对解释水平理论的研究，不同维度的相互关联和作用影响角色，还缺乏理论论述和实证探讨。随着网络技术的发展以及移动通信设备的普及，如位置因素、社交因素、时间因素等情境变量对个体的消费决策以及在线行为有着不可低估的影响，而解释水平理论，给了我们一个整合性的视角和框架，使得我们可以进一步验证评估这些要素的影响关联，为企业运营、行业发展提供有益的借鉴和参考，为进一步理解新网络环境特性提供有益的补充。

二、情境与营销内容

（一）基于位置的营销内容

长久以来，折扣券均被视为一种行之有效的市场划分以及市场促销工具。折扣券作为一种价格歧视手段，对于不同价格敏感度的消费者区分对待。通常情况下折扣券在一定时间内提供价格折让以及其他形式的优惠方式，使得消费者能以更低的价格购买特定产品或者服务（刘红艳等，2012）。在以电子化折扣券为研究对象的 Dickinger 等（2008）、Gasimov 等（2009）的研究中，主要的研究目的均在增加折扣券的赎回意愿。慕银平（2011）从企业折扣券发放决策问题视角，探讨了企业折扣最优面值和产品定价的确定问题。高晓倩（2012）通过实证问卷调查方法，分析了消费者在中、高折扣水平下消费者感知质量、感知价值和购买意愿的差异，胡树花（2013）则从企业的折扣最优策略方面进行了探讨。总体而言，传统折扣券的赎回决策取决于消费者所面临的赎回成本以及由折扣券消费所带来的收益（价格折让）（江友农，2013）。有学者指出，消费者个体的折扣倾向（coupon proneness）以及消费者的赎回行为预测对于市场促销计划而言至关重要（Dickinger 和 Kleijnen，2008）。而 Gasimov 等（2009）等的研究则表明，消费者更倾向于使用由他们朋友同事等个体所推荐给他们的折扣券，对于商家发送的折扣券以及促销类信息其一般持负向态度。传统上针对电子化折扣券的研究中认为：个体的折扣赎回不仅关乎行为决策，而且体现了个体自身的心理反应状态，个体与折扣券相关的行为，不单是个体对于环境促进因素的反应行为，更是个体针对特定刺激物的自身反应状态的应答式行为（Dickinger 和 Kleijnen，2008；Kang 等，2006a）。

随着时代的进步，移动设备在我们的生活中发挥了越来越重要的作用，移动应用诸如基于位置服务、社交类、点评类等应用相互交织影响。Shi 等（2014）的研究表明，个体在社交化的网络上出于自身的兴趣、职业等因素聚集，制造话题并且相互交换信息，消费者们基于一种社会化的网络情境寻找并且分享信息和知识。Oh 等（2010）和 Gasimov 等（2009）的研究进一步说明：在基于位置情境中，广告和折扣类信息不仅有着更灵活的方式获取以及赎回使用，同时也自觉不自觉地作为一种宣传推广工具，在消费者中转发并且扩散使用。此外，在网络环境下和移动网络环境下，折扣券的使用者与传统纸质折扣环境下的使用者有着显著的区别，如 Kang 等（2010）的研究表明个体在电子化折扣券的赎回使用中，感知控制有着显著的影响作用，Oh 等（2010）的研究则表明移动时代的消费者在自身偏好选择的基础上，更加关注信息的质量以及服务的便利程度。称德等（2012）的研究表明，在移动网络环境下，个体的自我效能会显著影响个体的购买意图。姚慧丽、钟春芳等（2011）针对消费者移动网络环境下的研究表明，风险感知以及广告宣传会对个体的意愿及行为产生显著的影响作用。Walsh 等（2010）的研究中指出，持续发展的社会化媒体，一方面提供了大量的潜在信息来源，另一方面也使个体自身需求信息寻找过程进一步复杂化，过量信息成为个体的一种额外负担，影响了个体的决策体验，同时也使得个体对于各种不请自来的信息产生了比如电子垃圾（spamming）以及隐私顾虑（privacy concern）等负面情感（Walsh 和 Mitchell，2010）。显而易见，折扣等广告类信息的不同来源在移动网络环境下会产生截然不同的结果（Gasimov 等，2009）。因为如同 Muk（2012）针对不同文化背景下消费者个体折扣赎回的研究结果，移动网络环境下营销信息由于垃圾信息和隐私威胁等方面的顾虑，导致个体的负向认知（Muk，2012）。

个体的自发式信息传播行为成为社会化媒体时代下的新兴热点，社交类媒体不但提供了分散化的信息产生和信息消费渠道，也同时提供了信息扩散的土壤——社交性互动中的内容分享行为（Shi 等，2014）。李枫林、朱莎莎等（2011）基于人际行为模型，对于虚拟社区中的信息分享行为进行了研究，结果表明，社区中基于人际间行为的自我效能等因素对于个体的信息分享行为有着显著的影响作用。Jayasingh 和 Eze（2009）对移动折扣券的研究均表明社会性因素对个体的折扣券相关认知及行为有着显著的影响。移动折扣券的分享使用行为，对消费者和商家均有益处，因为消费者往往对移动广告信息持负向态度，而经由同伴转发的移动广告则有着较高的针对性和更值得信任的来源，移动用户的抵触情绪不会像对待商户广告那样高。虽然诸多的研究关注信息时代下的折扣券，但我们对于移动网络下电子折扣券在消费者中的赎回行为自发的分享扩散现象依然所知甚少。

一方面，正如 Scellato 等（2011）的研究所表明的，研究者和企业对于空间位置、客户关系和社会距离在移动商务环境下折扣券赎回的影响作用有着相当的关注，却较少有研究综合考虑移动商务环境下 socio - spatial 因素的综合性影响，这两个因素对于个体购买赎回意愿的影响关系在移动网络环境下具有进一步探讨的必要。另一方面，正如 Shi 等（2014）在研究中指出的，社交化的网络环境下，个体间的内容分享行为成为信息传播和扩散的重要形式。虽然较多研究关注于折扣推送信息对于个体直接购买意愿的影响，鲜有研究考虑在移动网络环境下，位置因素以及关系因素对于广告性内容的志愿性信息分享过程进行细节性的论述。在移动网络环境下空间性以及社会性两方面因素的关联，使得理解评估这两个因素的共同性影响具有了更为现实的意义（Scellato 等，2011）。

（二）情境影响

解释水平理论（construal level theory）是一个纯认知导向的社会认知理论

（Dhar 和 Kim，2007；Liberman 和 Trope，2008）。解释水平决定了个体抽象或者具体的认知。低解释水平使得人们专注于特定情境下的丰富细节内容，而高解释水平使得人们能拥有更加宏观的视角（Liberman 和 Trope，2008）。所有的对象都和人们有着特定的心理距离，这些心理距离在时间和空间上很遥远。实际上，较远的心理距离会影响人们对这些对象的认知和响应（Liberman 和 Trope，1998，2008）。较低的解释水平使得人们容易关注当下情境中的丰富的细节，而较高的解释水平使得人们更容易认知到针对自身众多的选择的一般意义的理解，即产生更为宏观、概括的认知评价（Liberman 和 Trope，2008）。依照人类的认知习惯，对象们均与个体自身存在着特定的心理距离，他们可能在时间和空间上都较为遥远。事实上，面对对象，个体增加的距离感影响了自身对于对象的反馈和响应（Dhar 和 Kim，2007）。解释水平理论探索了个体不同心理距离感知情境下，个体认知和反应行为的变化，它深化了我们对于距离感的认知，在时间心理（time psychology）和决策心理间建立了一种联系。在涉及众多心理距离属性的移动网络和移动营销中，解释水平理论给了我们一个基础性视角从而更深入地理解消费者在特定情境下的决策感知和决策行为。

在基于位置服务的情境下，电子化折扣券的发放涉及社会互动、时间、空间等心理距离（解释水平理论中心理距离的四个维度：时间维度、空间维度、社会维度、真实维度）等诸多维度。Liberman 等（2008）的研究中将远距离客体定义为远离现实直接经验的客体，相对应地与我们现实接近的客体则是近心理距离的客体（Liberman 和 Trope，2008）。个体的社会联系网络在线上的营销活动中被证明为关键性的影响因素（Camarero 和 San José，2011），个体与服务及产品提供商之间的关系（例如，历史购买、会员身份、线上注册等）作为一种具有社交属性的因素对于消费者的感知和行为有着显著的影响作用（关系营销参考文献）。总而言之，移动折扣券涉及了诸如时间、空间、社会等维度的心理距离影响因素，更进一步而言，个体无论是抉择自身赎回还是共享给其他人时也涉及自身/他人这一心理距离重要区分的视角构念。

个体和企业的社会互动作为心理距离的一个维度，个体与商业企业的关系属性是个体针对服务售出、持续消费倾向的重要前因变量（董大海等，2012）。Stephen 等（2010）探讨了空间距离和时间距离对于社会距离的影响，以及社会距离在个体行为中的影响。在网络环境下，个体的不同距离维度信息会存在相互性影响的作用（Li 和 Shiu，2012；Trope 和 Liberman，2010）。Trope 和 Liberman（2008）则在研究中表明，与其他心理距离维度相对比，影响个体感知和决策的心理距离因素的重要度排序在不同情境中会发生变化，相似性距离和社会关系距离等较高抽象概括水平的维度信息（high - level）是影响个体决策的重要因素，这一些心理距离维度可能是更为基础和有影响力的维度。基于以上原因，可以推断出消费者的行为和认知结合性受到不同心理距离维度相关因素的影响（刘红艳等，2012），而解释水平理论无疑提供了一个富有应用前景和整合解释力的理论基础（杜伟宇和蒋运霞，2014）。因此，本章选择在解释水平理论的基础上，结合移动商务环境下折扣券应用的实际背景，建立结合空间距离和社会距离因素的研究模型并进行实证讨论。

三、理论论述及假说构建

计划行为理论（TPB）和技术接受模型（TAM）认为，人们行为的意愿是由三个关键因素驱动的，即态度、感知有用性，以及感知易用性（Hsiao 和 Yang，2011）。Hsu（2006）的研究表明，移动折扣券的使用意愿主要受感知有用性和自我效能的影响，这两者和传统的折扣券使用决定因素完全不同。基于 TPB，消费者关于移动应用方面的使用意愿，主要是由态度和感知行为控制决定的

（Ghose 和 Han，2011）。感知有用性在很大程度上影响了个体针对特定目标的态度，自我效能对于感知行为控制施加了最显著的影响。Shankar 等（2003）的工作也表明，消费者对于 SMS 媒介的移动折扣券的态度和对于移动折扣券的感知控制（perceived control）影响了他们对于移动折扣券的接收意愿，Shankar（2013）指出使用移动折扣券所带来的收益影响了消费者对移动折扣券的态度。Gsaimov 等（2009）的研究表明，折扣券的转发行为与转发分享方式的便捷性相关，这意味着移动时代的折扣券由于随身携带以及易于传播更容易被消费者相互分享。消费者在对折扣券的感受进行评估后，如果感到满意，他们会更愿意成为一个信息的传播者（于春玲等，2011）。这表明消费者的转发意愿很大程度上是消费者针对折扣券感知价值和态度的后续行为，这一点与消费者的赎回意愿类似。因此，我们可以参考赎回意愿的研究模型，从而推断出移动用户针对折扣券的感知有用性以及态度会有利于提升用户的转发分享意愿：

假设 3－1：移动用户对移动折扣券的感知有用性正向影响对移动折扣券的态度。

假设 3－2a：移动用户对移动折扣券的态度正向影响对移动折扣券的赎回意愿。

假设 3－2b：移动用户对移动折扣券的态度正向影响对移动折扣券的转发意愿。

在移动服务领域，已有研究表明 TPB 在态度类模型中适用性更优越（Dickinger 和 Kleijnen，2008；Kang 等，2006a）。感知行为控制（perceived behavioral control）是态度类模型的重要解释变量。感知行为控制是指消费者自己感知的对于影响他们完成目标行为相关技巧、资源以及机会等限制的度量。在移动通信环境中，经由通信技术传递信息，消费者关心他们所能够施加的控制（Kang 等，2006a）。对于移动折扣券而言，已有研究表明，在消费者的决策过程中，感知行为控制产生了重要影响（Dickinger 和 Kleijnen，2008；Kang 等，2006a）。消费者对于折扣券的体验感知行为控制，事实上是消费者对于折扣券获取整个过程的控制程度的一种评估。消费者忧虑他们的电话成为广告渠道的一部分，他们反感收到大量不请自来的信息。这种压力会引起消费者的隐私关注，对消费者造成信息过载（information overload），加深用户对于垃圾短信等方面的忧虑。因此，移动用户对自己能够施加的感知行为控制会削减消费者这些方面的担心，从而相对提升移动用户的信息分享意愿。综上所述，本书提出以下假设：

假设3－3a：移动用户的感知行为控制正向影响对移动折扣券的赎回意愿。

假设3－3b：移动用户的感知行为控制正向影响对移动折扣券的转发意愿。

一般而言，当人们在判断特定的社会情形或者社会个体的时候，经常将以自身作为参考的标准。个体与折扣涉及的企业个体之间的关系，是由他们之间先前的互动活动所促成的结果所影响。因此，个体与其他个体的社会关系，将会对个体的后续相关感知和判断产生影响。社会距离描述了在社会互动中，客体和主体之间的差异程度，如自我相对于他人，朋友相对于陌生人（Trope和Liberman，2010）。从解释水平理论来看，社会距离同其他的心理距离维度（诸如时间维度、空间维度以及真实性维度）有着相同的零点：这就是以目前直接的体验作为参考的零点（Camarero和San José，2011；Trope和Liberman，2010）。如果个体不能通过自身当下（here和now）的体验视角来认知某个社会事务或者社会目标的时候，个体就会感觉到较远的社会距离。

背景信息（background information）被证明为个体在社会距离感知中，会产生显著性影响的因素信息（Liviatan等，2008），此外也有研究表明，社会距离中对于经验信息的激活程度（elevated power）会对个体的抽象性思维产生显著的影响（Smith和Trope，2006）。在移动折扣券的背景下，折扣接收个体对于折扣赎回的目标企业的社会距离表现了个体与折扣发送方之间的社会临近程度（例如，会员身份、个体以往的购买活动等）。可以推断这种社会性的临近程度越远的时候，企业与目标个体的可能关联和匹配就越少；当这种临近程度越近的时候则意味着个体和企业间有着更多的关联属性和匹配。企业与个体之间的这种社会临近程度，表明了个体与折扣类广告发送企业之间社会距离的远近程度。在基于位置的移动折扣券环境下，社会距离与空间距离、时间距离等有着相同的参考零点，即个体的直接体验。如果个体越了解发送折扣券类广告的企业或商户，则意味着个体和特定的商户个体之间有着更大的关联相似性和社会匹配性，那么促销推广活动更可能取得成功，因此个体有着更大的可能性产生赎回意愿并触发赎回行为。此外，亲近稳固的互动性关系，也同时意味着显著的承诺信任收益，而这一点恰恰是促成口碑效应等信息传播行为的驱动因素。因此，我们提出以下假设：

假设 3－4a：移动用户与商户的社会距离亲密度正向影响营销内容赎回意愿。

假设 3－4b：移动用户与商户的社会距离亲密度正向影响营销内容转发意愿。

一些研究对于空间距离对于个体心理解释之间的联系影响进行了探讨和阐释，如 Fujita 等（2006）的研究中，对近空间距离和远空间距离情境下，个体对视频刺激物产生了不同的认知侧重。结果表明，在近空间距离的情境中，个体对于刺激物的感知更加趋向于具体化。此外，Henderson 等（2006）在研究中同样检测了近空间距离和远空间距离给个体带来的认知和感知方式上的差异，结果表明较近的空间距离，使个体能感觉到刺激物的更多、更特定的特征。现有的研究表明，空间距离的远近在很大程度上表明了个体在较近的空间距离下，思维和认知更倾向于具体化、对于细节的感受更加深刻；在较远的空间距离情境下，个体倾向于抽象的、宏观的、本质性的视角对于刺激物做出反应（Liberman 和 Trope，1998）。解释水平理论暗示了，在低空间距离的情境中，个体更倾向于考量折扣券关联的具体特征以及属性，如折扣所带来的字面收益、促销的力度，然而在较远的空间距离情境下，个体可能会倾向于考虑自身对于折扣涉及产品服务的真实需求。

不出市场营销者以及消费者的预想，位置的感知依然是移动营销中最具有影响力的因素之一。空间距离的影响机理：在近空间距离的情境中，个体对于刺激物的感知更加趋向于具体化（Fujita 等，2006）。较近的空间距离上，使个体能感觉到刺激物的更多、更特定的特征（Henderson 等，2006）。现有的研究表明，空间距离的远近很大程度上表明了个体在较近的空间距离下，思维和认知更倾向于表象化、对于细节的感受更加敏感；在较远的空间距离情境下，个体倾向于抽象的、宏观的、本质性的视角对于刺激物做出反应（Liberman 和 Trope，1998）。基于 TAM，感知有用性是个体对特定的技术性工具，对自身收益和相关提升的认知，个体对于移动折扣券的有用性感知则是一种理性收益权衡的结果（Dickinger 和 Kleijnen，2008）。因此，处于较近的空间距离情境时，具体的、细节性的感受会影响个体的态度，淡化了感知有用性对于个体态度的影响。而在较远的空间距离时，个体基于自身的实际需求，对于刺激物的折扣券产生更为宏观的、抽象的本质认识，这意味着其他细节性的具体非理性因素对于个体态度的影响弱化，感知有用性则会更大化地影响个体针对折扣券的态度。因此，我们得到以下假设：

假设 3－5：在近空间距离的情境下，相对于较远空间距离情境而言，个体移动折扣券的感知有用性对于个体态度的影响要低于个体在远空间距离情境下个体感知有用性对自身态度的影响。

感知行为控制是指个体基于过去的经验和预期的阻碍，对于折扣券赎回过程的阻碍越少、自身对于折扣券的接收控制感越强，个体的感知行为控制就越强。依照个体的认知习惯，更短的空间距离会加强个体的情感性体验以及对于情境的代入感，在近空间距离情境下，意味着相对远空间距离情境下个体对于将要产生的赎回意图和转发意图所面临的阻碍有着更多的考虑，因为解释水平理论暗含了个体在较远心理距离情境下，个体面对预期的决策和计划将更加乐观和自信（Trope 和 Liberman，2003）。个体目标导向的行为高水平解释和低水平解释一个很重要的区别就是可行性（feasibility）和合意性（desirability）的区别，合意性是指完成目标行为的最终状态，而可行性是完成目标行为的感知困难程度。解释水平理论认为在近心理距离的情境下，个体更倾向于受到可行性思维的影响，而在较远的心理距离情境下个体更容易受到合意性思维的影响。这是由于较远空间距离情境中，事件发生的心理距离较远，人们只能凭借头脑中原有的与事件相关的图式化信息对事件进行预期，而忽视了与事件无关的非图式化信息。在较近的空间距离情境下，个体的感知行为控制对于个体行为意愿的影响作用更为显著。而在较远的空间距离情境中，个体由于忽略了无关的非图式化信息，阻碍和控制感的感知将对于个体的行为意愿产生相对近空间距离情境下较低的影响。综上所述，我们提出如下假设：

假设3-6a：在近空间距离的情境下，相对于较远空间距离情境而言个体的感知行为控制对于个体的折扣券赎回意愿有着更大的影响力。

假设3-6b：在近空间距离的情境下，相对于较远空间距离情境而言个体的感知行为控制对于个体的折扣券转发意愿有着更大的影响力。

基于解释水平理论的研究表明，在大多数情境下，由于人类自身认知习惯的限制，心理距离的不同维度：时间距离、空间距离、社会距离以及相似性（hypotheticality）对于个体的认知表现了基本相似的影响模式和机理（Bar-Anan等，2006）。更广泛地说，心理距离由众多的维度所反映，不同的维度在个体的认知上也会相互关联（Liberman和Trope，2008）。在基于位置的社会化媒体背景下，内容转发行为被视为一种社会交换过程（Shi等，2014；李金阳，2013），折扣券的赎回则是个体对于潜在收益的综合考量和接受行为（Dickinger和Kleijnen，2008；Im和Ha，2012）。在个体和企业商户之间存在着较为密切的互动关系的情况下，较近的空间距离有助于提升个体的赎回意愿。这是因为在较近的空间距离下，对于商家较为熟悉的个体，在预期收益和成本的考虑影响下更容易促发自身的赎回意愿的产生。从个体行为决策上来讲，个体的转发意愿因为涉及针对他人需求和赎回决策的考虑，个体的赎回意愿则是个体针对自身决策的考量

（Dickinger 和 Kleijnen，2008；徐惊蛰、谢晓非，2011）。在不同的空间距离下，促成了远/近和自我/他人的匹配效应（Liberman 和 Trope，2008）。人们由于自身思维及认知习惯，从而自觉或不自觉地将自身置于较近的位置上，而将人置在相对较远的位置上，从而构成了个体距离一致性（distance - congruent）的匹配性认知。因此，我们有理由推断，个体的空间距离会调节性地影响个体针对移动折扣券的赎回意愿和转发意愿，较近的空间距离会增强社会距离对于个体赎回意愿的影响，而在较远的空间距离下，社会距离对于个体转发意愿的影响将会更高（Liberman 和 Trope，1998，2008）。因此，我们提出以下假设：

假设 3 - 7a：在近空间距离的情境下，相对较远空间距离情境而言社会距离会对个体的折扣券赎回意愿产生更大的影响力。

假设 3 - 7b：在远空间距离的情境下，相对于较近空间距离情境而言社会距离会对个体的折扣券转发意愿产生更大的影响力。

四、模拟情境验证

在大量的消费者行为、广告学、线上用户等方面研究文献的基础上，构念的测度量表得以开发，基础问题项部分采用了李克特 7 级量表（见表 3 - 1）。对于感知有用性采用 Van der Heijden（2004）和 Kang 等（2006）的三个问题项度量了移动用户针对移动折扣券的感知体验。态度和感知行为控制均采用了 Dickinger、Kleijnen（2008）和 Kang 等（2006）的题项，其中态度采取了两项 7 分的语义区分量表。空间距离和社会距离的设置及题项则是参考了 Fujita 等（2006）、Smith 和 Trope 的研究（2006）以及 Liviatan 等（2008）的研究题项和设置结合本书背景修订而来。折扣券的赎回意愿的测量量表来自 Kang（2006）以及 Dickinger 和 Kleijnen（2008）的研究，转发意愿通过 Xu（2008）和 Gsaimov（2009）等的研究中采用的三个题项修订来测量。本书通过检验的标准量表得以最大化地使用，问卷经过四位该领域的专家进行了检查和修改，主要是检查问卷的问卷量表以及调查流程的规范性，并对问卷语句的表述不太清晰的地方提出了修改意见。随后通过测试被试再次确认了实验问卷量表以及问题项内容的有效度。

应用改进后的问卷进行了一项有 40 人参与的预调研。预调研的主要目的在于检验调研设计程序的有效性，检查调研问卷问题的表述清楚度和一致性。预调研的参与者回复是通过面对面的访谈进行的，这样针对问题的意见和建议可以很好地被收集。根据所收集的意见，替换了问卷中的一些术语（将营销内容赎回，改为折扣券使用；将折扣券赎回比较方便地改为使用移动折扣券的障碍较少；将折扣券推送改为折扣券分享），对问题项的句式进行了修订（将感知行为控制的三个题项从被动句式改为主动句式）。对于问卷前稍显冗长的说明项进行了删减（将问卷说明项从九行精简为三行）。增添了折扣券转发方式以及转发成本的提示项（提示三：在本券的使用期限内，您还可以免费转发给亲友使用）。经过对预调研的结果进行分析，研究构念的有效性和一致性达到了研究的要求。

通过在线招募方式和实地招募的方式，共获得了移动背景下营销内容体验的 350 位参与者，其中男性 200 位，女性 150 位。研究参与者均拥有手机，并且有收到营销内容以及折扣券等相关推送信息的经验。在实验开始前实验内容没有对参与者透露，所有参与者均被告知本次实验只是出于研究目的，所有数据均会匿名处理。为了控制外在的偏差，本书采用基于许可的（permission - based）移动折扣券作为实验情境。在本书中，基于电影院服务的同质化特点（Cameron，1986），参与的个体通过自身信息进行登记注册从而确定接收设定源自研究商家列表的移动折扣券（本地的五个电影院）。

实验参与者随机性地被分配至两个情境（距商户 5 分钟的路程——低空间距

离；距商户 30 分钟的路程——高空间距离），之后研究中的移动折扣券依据开始的注册资料发送至目标个体。实验参与者被告知商户鼓励他们的转发分享行为，数字化折扣券可以多次使用。所有的研究参与者被安排两分钟左右的折扣券接收和阅读时间，随后他们将自身所设定的空间距离情境的回想（recall）描述写在纸上作为确认。研究问卷遵循现场发放、现场填写、现场回收的方式收回数据。研究参与者在完成问卷调查后，均会获得价值 10 元的小礼品一份。剔除确认程序不符、问题缺漏、呈特定填写规则等无效数据后，共回收有效问卷 301 份，问卷有效回收率为 86%，样本的描述性统计结果如表 3 - 1 所示。由于手机设备和手机应用已经成为年轻人的每日生活不可缺少的组成部分，参照以往类似移动广告背景下的研究（Penderson，2005），采用年轻学生为主体的样本是可以接受的。

表 3 - 1 研究参与样本人口统计结果

控制变量	项	频数	百分比（%）	控制变量	项	频数	百分比（%）
性别	男	166	55.150	性别	女	135	44.85
年龄（岁）	≤24	175	58.14	移动网络使用经验（年）	0 ~ 3	14	4.65
	24 ~ 34	106	35.22		3 ~ 6	60	19.93
	34 ~ 44	17	5.65		6 ~ 9	171	56.81
	44 ~ 55	3	1.00		9 ~	56	18.6
	>55	0	—	受教育程度	高中	13	4.32
职业	学生	242	80.40		大专	3	1.00
	老师	8	2.66		本科	91	30.23
	职工	31	10.30		研究生	133	44.19
	其他	20	6.64		其他	61	20.27

注：年龄划分为小于等于 24 岁、大于 24 小于等于 34、大于 34 岁小于等于 44 岁、大于 44 岁小于等于 55 岁、大于 55 岁共计 5 档；移动网络使用经验划分为小于等于 3 年、大于 3 年小于等于 6 年、大于 6 年小于等于 9 年、大于 9 年 4 档。

五、位置与情境影响结果分析

（一）方法及测量误差

测量误差来源于系统误差和随机误差，而系统误差的一个主要来源就是共同方法偏差（common method bias）。共同方法偏差是指由测量方法所引起的变异，潜在的共同方法偏差来源于包含共同评定者影响（common rater effects）、因子特性影响（item characteristic effects）、题项语境影响（item context effects）以及测量环境影响（measure context effects）等。由于共同方法偏差的存在，会对研究的结论产生不可忽视的影响和误导。因此，本书在程序控制上采取了报酬奖励、保护匿名性、平衡题项的顺序效应、改进测量题项等措施来削减共同方法偏差对数据采集的影响。

受到实验情境的影响，上述措施不能完全消除共同方法偏差的影响，因此，在数据分析时还需要通过统计方法对共同方法偏差进行检验和控制。本书借鉴Bogzzi（2011）的研究，采用 Harman 单因素检验来检验本书中的共同方法偏差。Harman 单因素检验假设如果共同方法偏差大量存在，那么会存在一个主要的共同因素可以解释所有变量间的大多数变异。通过将有效的 40 题项 301 份问卷数据进行探索性因子分析，KOM 值为 0.878，且 Batrlett 的球形度检验总体变量相关度符合条件（Sig. =0.000），表明实验数据适合做因子分析。检验析出结果，共得到 10 个特征值大于 1 的解释因子，首要因素特征值为 9.844，解释变异量为 24.611%，表明不存在单因子解释力过高的情况，本书共同方法偏差通过 Harman 单因素检验。此外，本书通过在 PLS 模型中引入共同方法偏差潜因子，并加载所有标识变量来检验偏差对整体模型的影响。结果表明标识变量的平均可解释变异为0.861，作为对比平均方法偏差因子可解释变异为0.024。结果表明方法偏差对于研究结果的影响为2.8%。与此同时，24个方法加载因子共计有21个加载因子不显著（$p > 0.05$）。综合以上结果，可以推断共同方法偏差没有对本书模型的相关假设验证产生显著性影响。

（二）信效度分析和控制变量

PLS测量模型通过检测研究量表的聚集效度（convergent validity）和区分效度（discriminant validity）来验证模型的有效性。在PLS方法中，通过检测问题项信度、组合信度（composite reliability）以及量表的平均提炼方差来检测研究量表的聚集效度。

本小节涉及变量的聚集效度评估检测结果。所有问题项的因子载荷均在0..7之上，表明本书中量表与所测变量之间存在统计显著性。研究量表的组合信度达到了0.7的研究标准。对于一般探索性研究，测量模型的Cronbach'α系数在0.6以上，表示可信度较高，本书量表均大于0.7。量表的平均提炼方差均大于0.6，一般认为平均提炼方差大于0.5，从而表明本书问卷测量具有较好的可靠性。通过对以上数值的检测分析，验证了测量模型的聚集效度。区分效度是指测量模型中，不同变量之间区别显著程度。本书涉及变量AVE平方根大于该变量与任何其他变量的相关系数，这说明本书的变量之间具有较好的区分效度。因此，测量模型的区分效度通过检验。

本书通过采用单因素方差分析（One－way ANOVA）来检验调查中的控制变量性别、移动互联网使用经验、年龄、职业、受教育程度对于个体针对移动折扣券赎回意愿和转发意愿的影响。结果表明，个体的年龄、职业、移动互联网使用经验以及个体受教育程度等因素没有对消费者的赎回意愿和转发意愿产生显著影响。个体的性别分别对赎回意愿（$F = 6.09$，$Sig. = 0.014$）和转发意愿（$F =$

9.93，Sig. =0.002）产生了较为显著的影响。对于控制变量的分析表明，不同性别的个体对于折扣券的赎回（男 =3.66；女 =4.24）以及转发意愿（男 =3.53；女 =4.60）有着较为明显的区别，这表明相对于男性个体而言，女性个体有着更高的赎回意愿以及转发意愿。

（三）结果分析与讨论

本书研究并检验研究设置以及测量模型的有效性之后，为了验证本书研究模型的研究假设和解释力，利用 Smart PLS 2.0 检验了本书研究的结构模型。首先，研究结果表明个体对于移动折扣券的有用性感知显著地影响了个体针对移动折扣券的态度（$\beta=0.656$，$p<0.01$），因此假设 3 – 1 通过验证。其次，个体针对移动折扣券的态度对于个体的赎回意愿（$\beta=0.576$，$p<0.01$）和转发意愿（$\beta=0.374$，$p<0.01$）均有着显著性的影响关系。具体来说，对于个体的赎回意愿，个体的态度对于个体的赎回意愿有着正的影响力和预测力，因此假设 3 – 2a 和假设 3 – 2b 均通过验证。最后，实证分析结果也表明，感知行为控制对于个体的赎回意愿（$\beta=0.265$，$p<0.01$）和转发意愿（$\beta=0.312$，$p<0.01$）产生显著的影响作用，同时感知行为控制对于转发意愿的影响路径系数要高于赎回意愿的影响系数。因此，假设 3 – 3a 和假设 3 – 3b 均通过验证。令人意外的是，虽然社会距离对于个体的赎回意愿（$\beta=0.042$，$p<0.01$）和转发意愿（$\beta=0.209$，$p<0.01$）均有着显著性的影响，但实证结果表明：两个假设关系的路径系数差别较为悬殊，表明社会距离对于个体的赎回意愿产生了较小却显著的影响，对于个体的转发意愿有着更为明显的影响力。

结构模型对于内生变量的解释力和预测力，是模型内生变量（赎回意愿和转发意愿）变异中经由模型中的其他变量可以解释的比例。结构模型主效应检验结果表明，所有的假设在 5% 显著性水平上进行假设检验。研究模型中的 7 个假设均在 99% 的置信水平通过检验。实证数据的分析结果还表明，本书模型对个体针对移动折扣券赎回意愿的解释力为 57.8%（$R^2=0.587$），对个体针对移动折扣券转发意愿的解释力为 44.4%（$R^2=0.444$），表明对于移动用户的移动折扣券的使用意愿以及转发意愿而言，本书模型有着较强的解释力。

（四）位置影响作用分析

基于调节变量的定义，本书假设了模型中不同空间距离情境下相关影响因素关系的强弱变化。基于 Henseler 和 Fassott（2010）对于调节变量检测的方法，我们在研究情境中对于空间距离的情境划分（5 分钟路程 vs. 30 分钟路程）将其设置为类别变量。根据 Henseler 和 Fassott（2010）在 PLS 中调节效应的检测方法，我们对两种情境下的观测数据分别进行结构模型的检验，两组观测数据结构模型中直接关系的参数差别则被理解为空间距离调节效应的结果。我们通过对比两组数据间的路径系数，从而获取不同组别假设路径上影响系数之间的差异值，同时我们采用 Muthén 和 Muthén（2001）的方法对于两组数据测量路径之间的差异进行了 T 检验，针对空间位置的 5 个调节效应假设，实证分析结果表明 1 个调节假设在 99% 的置信水平上通过假设检验（$p<0.01$），3 个调节假设在 95% 的置信水平上通过假设检验（$p<0.05$）。

数据分析结果显示，个体所处的位置对于感知有用性与态度之间关系有着显著的调节作用（$p<0.01$）。这点表明了在不同的空间距离下，感知有用性对于移动用户的态度影响有着显著的区别。在近空间距离情境下，感知有用性对于态度的影响路径要低于在远空间距离情境下个体感知有用性对于态度的影响。因此，假设 5 通过检验。通过分组对比感知行为控制与个体意愿之间的路径参数可以发现，在近空间距离情境下，个体感知行为控制对于个体的赎回意愿有着较高的影响力和预测力（$\Delta\beta=0.116$），因此假设 3－6a 通过检验。在近空间距离的情境下，个体的感知行为控制对于个体的赎回意愿也有着较强的预测力，因此假设 3－6b 通过检验。虽然在路径系数上表现出了预期趋势：在较近的空间距

离情境中，社会距离对于个体的赎回意愿的路径系数高于在较远情境下社会距离对于个体赎回意愿的影响路径系数，然而两个情境中的数据没有显著差异（$p>0.1$），因此假设3－7a未能通过检验。此外，通过对两个情境下模型参数的对比可以发现，在较远的空间距离下，社会距离对于个体转发意愿的影响路径系数要高于在近空间距离情境下社会距离对于个体赎回意愿的影响路径系数。这表明，随着社会距离亲密度的增加，近空间距离的个体和远空间距离的个体之间的转发意愿的差别也会较大，因此假设3－7b通过检验。

六、空间营销的进一步讨论

本章依据计划行为理论（TPB）和解释水平理论（CLT），建立了基于感知有用性、态度、感知行为控制为基础的针对个体心理距离空间维度以及社会维度影响的分析模型，并且假设了针对个体折扣券赎回意愿和分享意图的相关作用关系。实证数据分析结果表明：感知有用性、感知行为控制以及个体与企业的熟悉程度会显著地影响个体针对折扣券的相关态度和行为意图。并且，空间距离对于个体针对移动折扣券的感知有用性、感知行为控制以及个体与折扣券发送企业的社会距离的影响均产生了显著的调节作用。

移动网络以及相关应用的发展不但为消费者和企业建立了有效的沟通渠道，同时也通过社交性的互动促进了信息内容的传播，如个体的内容分享行为。移动折扣券作为一种新兴的营销工具，有着广阔的应用前景。情境性因素比如个体的位置（location）以及社会角色（social role），对个体在移动网络环境下的行为产生了不可忽视的影响。本书引入解释水平理论（construal level theory），在涉及影响基于位置电子化折扣券赎回和转发意愿的情境性因素基础上，建立了结构方程模型，假设了空间距离、社会距离、感知行为控制以及感知有用性等因素对个体折扣券赎回意愿和转发意愿的影响关系。通过情境程序设置下的问卷研究，共获得301份有效的问卷数据。实证性分析结果表明，空间距离、社会距离、感知行为控制以及感知有用性对于消费者的移动折扣券的赎回意愿和转发意愿有着显著性影响作用。空间距离调节性影响了个体态度以及赎回和转发意愿，社会距离对于个体的转发意愿有着直接的影响作用，空间距离和社会距离对于个体折移动扣券行为意愿有着显著的交互式影响作用。最后讨论了研究结论的理论应用和相关实践研究。

对比相关研究，本章的结果表明，不同文化下个体对于受限制和隐私威胁的敏感是相似的（Muk，2012），此外，本书还表明：虽然近空间距离情境中有利于提升消费者的代入感，个体的负面有用性感知和控制感知体验也将更可能地作用于消费者个体的行为。此外，社会距离（熟悉/陌生）对于折扣券的转发具有显著的直接影响作用，作为对比，社会距离对于赎回意愿影响要小很多，这论证了心理距离社会维度在移动营销背景下的基础性维度影响作用，从而与先前的研究结果保持了一致。空间距离对于几个关系的调节作用则表明，空间距离下会调节个体的感知行为控制和感知有用性的影响力，从而影响个体对于折扣券的赎回和转发分享意愿。一方面，这表现了研究情境中两个维度间的交互性作用，另一方面也表现出个体解释水平对于个体行为动机的影响，即自身的赎回意愿局限于自身和当下，而转发意图则涉及对别人的考虑是一个心理距离较远的决策。

本章有以下三点贡献：①我们对于社交性环境下志愿性信息过继式传播过程（voluntary information relay processes）的了解依然十分有限，本书的实证结果为移动社交环境下信息性内容的自发性扩散行为提供了新的理解。②本书分析并探讨了相关因素对于营销内容赎回和转发意图的不同影响，从个体心理距离角度描述了两种意图之间的区别。③通过引入解释水平理论，本书提供了一个综合视角来考虑社交性以及位置性因素对于个体感知行为的影响的区别和联系。

本书对企业的移动营销管理工作提供了三点有益的启发：①对于商户而言，应该考虑女性用户的认知偏好，并且应当凸显出移动折扣券独特的内容以及经济价值。②在近情境中应该尽量减少移动折扣信息的赎回使用过程中的阻碍，并提供适当引导，从而提升移动用户对于移动折扣券的控制感。③我们的研究表明心理距离能够调整并影响个体在移动网络中的折扣券转发行为，我们希望本书的结果能够给企业以有益的启示，从而产生更为有效的移动营销策略和位置营销策略。

本书的三点局限给未来的研究提供了思路：①虽然以学生为主体的样本能够保证本书的移动网络行为研究目的，并且有利于控制其他因素对于研究结果的影响，不过仅以实验志愿者为实证调研的对象限制了本书的外部信度。②拟真性的实验环境有助于严格控制特定的条件，然而也限制了本书结果对于移动网络环境下真实转发行为的预测和解释能力。③本书采用了国外已有成熟量表来测量相关变量，未来可结合考虑文化差异性带来的影响。在移动网络和社交网络服务中，深入了解个体间自发性的信息转发行为给我们的数据收集和数据处理方面带来了新的挑战，然而这的确是值得我们探索的一个有趣的方向。希望在未来，移动网络以及社交网络环境下自发性的信息转发行为能获得学界和企业的更多关注。

第四章　用户特质的作用

“当一个人提出一个理论的时刻，他的想象里在每个个体身上都看到了有利于该理论的特质。”

——托马斯·杰斐逊（美国第三任总统）

近些年来，社会化媒体类服务的繁荣（例如，小红书、微博等）改变了人们相互沟通交流的方式，同时也定义了企业和自身潜在客户得以高效连接的新兴渠道（Aral 等，2013）。例如，已有相当部分研究将目前网络环境中具有重要影响力的社交类应用 Twitter 和 Flickr 视为目标市场营销和同侪影响的基础和平台（Aral 和 Walker，2012；Zeng 和 Wei，2013）。有研究指出，超过 150 万的企业和组织已经建立了专门的社交社区在社会化媒体中推广他们的产品和服务，同时，还有大量的企业，在社会化媒体环境下用户参与鼓励、企业影响力提升等方面投入了相当多的注意力和资源（Goh 等，2013）。虽然推特和新浪微博等其他类似应用是一种基于广播功能（broadcasting function）的社交网络，分权化的结构（decentralized structure）以及存在于社交节点间的多层级的个体关系（multilevel relationship）使得这类应用与传统的媒体媒介之间产生了显著的区别（Shi 等，2014）。在微博客服务（micro - blogging service）中，个体依照自身的兴趣、教育、工作、旅程等因素而聚集在一起，相互产生联系，他们制造并参与新话题的讨论，相互交换信息和资源。显而易见，多媒体话的信息内容形式提升了这类社区中内容的信息量属性（informativeness）和趣味属性（entertainment），如营销者们发布的广告、促销、新品信息等。与此同时，个体的内容分享行为变得更加容易（例如，转发）。不同的信息内容以及营销者们产生发布的广告在社交用户之间以前所未有的方式自发性地传播。由于这类传播是由个体间自发的联系，有着特殊的属性和特征，对于企业而言如何在社会化媒体环境下引发用户间针对自身生成内容的传播，以及应该接触和联系社交网络中的哪些节点都是在实践运营和管理中所需要考虑的重要问题（Zeng 和 Wei，2013）。

个体间经常通过内容分享的方式来帮助其他个体获取有用的信息，看到有趣的内容。然而，现有的研究对于社会化媒体环境下内容的传播依然十分有限（Shi 等，2014）。在本书中，我们试图探讨以下五个问题：①在社会化媒体背景下（例如，微博），用户个体的内在动机（intrinsic motivations）、社交联系以及自身的行为轨迹如何影响他们的营销内容（marketers - generated content，MGC）的分享行为？②个体的控制感知（perceived control）以及针对他人的行为感知（peer influence）如何影响他们的营销内容的分享行为？③社会化媒体背景下，用户个体的不同特质（traits）会对个体的营销内容分享行为产生什么样的影响？为了解答以上问题，本书引入社会资本理论里的社会资本概念来检查个体在线关系连接对个体的营销内容分享行为的影响。④本书引入分享喜悦（enjoyment）和结果期望（outcome expectations）的概念来检查个体内在动机对于个体营销内容分享行为的影响。⑤本书采用调节定向量表 RFQ（regulatory focus questionnaire），通过调节定向理论（regulatory focus theory）来评估个体防御定向（防御自豪感 prevention pride）对于个体用户分享行为的影响。

本书有以下三点主要的贡献：①通过将营销内容的分享扩散概念转化为由社交因素、环境感知以及个体特性所驱动的过程，本书扩展了现有关于社会广播情境下基于用户个体内容分享（content sharing）行为研究的文献。②通过我们对文献的整理、阅读和分析来看，虽然一些研究关注于虚拟社区中的信息传播和信息扩散，在社交广播情境下（social broadcasting），相关研究对于志愿性信息传递过程（voluntary information relay process）的细节性披露还十分有限（Shi 等，2014）。本章试图分析和解释基于营销内容角度的内容分享过程的特性和影响机制。③本书通过引入个体的调节定向、个体的社交关联、内在动机诸如分享喜好（enjoyment）、结果预期（outcome expectations）以及环境感知因素如感知控制、同侪影响（他人推荐信息感知）等，试图整合和分析这些因素的整体性影响，并且检测社会化媒体背景下这些变量可能存在的关联性影响。这些因素以及理论基础都有着自身独特的视角和主旨，并且基于已有文献来看，这些因素对于个体的内容分享行为都有着不可忽视的影响力，然而没有研究从统一测量量表的基础上来检测这些因素的协同和合并性效果。

下面将对研究涉及的主要构念进行概述。此外，后续内容对本书的理论发展和假设的提出进行阐述，对于一些关于新的思考进行分析和探讨。同时，概括了研究量表的开发、预实验、解释数据收集的过程，以及本书的方法。后续的一些小节对研究收集的数据进行分析，并对于本书的结果和结论进行总结。

基于 Goh（2013）的研究，社会化媒体背景下（例如，微博和其他的社会化媒体网站平台），营销内容（marketers - generated contents）是企业营销和推广人员基于企业自身的利益和立场所创造的内容，这些营销内容以吸引用户的注意力和鼓励用户参与为目的。微博客类应用（micro - blogging services）比如 Twitter 和新浪微博传播信息的效力来源于其相对于传统媒体的独特属性：灵活性（flexibility）、交互性（interactivity）以及时效性（tracking real - time events）（Shi 等，2014），在时代发展的背景下，这些应用显示出社交类广告技术自身所具有的富有前摄性的、特色鲜明的营销能力和营销潜力。基于企业立场的营销者们利用社交应用作为及时有效的沟通渠道和工具来联系潜在的顾客，并试图获取更多的利润。企业用户，甚至于非营利性机构以及其他的一些组织均非常关注并极力引导社会化媒体中自身的影响力的发挥以及相关话题的走向。然而，对于社会化媒体环境下潜在增益的探索和开发需要企业从业人员和研究者们新的思考（Kaplan 和 Haenlein，2010b）。因为，个体用户可以在社会化媒体中自由地沟通，这就意味着企业对自身相关信息掌控力的削减。作为一种快速发展的媒介，虽然有着大量活跃的企业用户和个体用户，但在商业开发上而言仍然处于起步阶段（Kane 等，2014）。

先前的研究表明，内容接受者对于广告类推广内容在社会化媒体情境下表现出了一种不同于以往的反应方式（Chi，2011）。在社会化媒体背景下，研究者关注于用户参与的不同情境以及不同的影响后果，如广告策略（advertising tactics）（Naik 等，1998；Van - Tien Dao 等，2014）、评论（comments）（Tang 等，2014）以及关联（relation）等（Kim 和 Ko，2012）。这些研究的结果表明，用户的参与会显著地正向影响品牌信誉、内容评估以及购买意愿等。其他一些研究则从营销内容扩散的角度展开讨论，如社会化媒体背景下广告的传播、促销信息的传播以及口碑效用的传播等（Chu，2011；Chu 和 Kim，2011）。用户可以对营销者生成的内容进行传递和点评，并影响自身的线上朋友和同伴们，从而实现营销内容影响力的进一步扩散。例如，个体在微博情境下针对营销和推广信息的正面回应会引发与该个体直接关联的个体间的次生影响力。营销内容传播中基于管理运营取向和企业角度的研究则大多数偏向于描述性研究，缺乏实质的理论基础，如 Hinz 等（2011）在社会化媒体中有效传播的不同传播策略会导致不同的传播效果的研究，就是典型的基于管理实践应用的研究。从整体上来看，现有的针对营销内容分享传播的研究在确定影响因素和影响机制上虽然较为有限（Goh 等，2013；Shi 等，2014），这些研究仍有助于我们更进一步地理解个体信息分享行为的动机构成。

然而，在企业努力地与社会化媒体用户建立关系的技术背景下，这些主要基于广告视角（advertising）和用户生成（user - generated content）内容视角的相互孤立的研究成果不足以成为描述现有社会化媒体中营销内容传播的精确结论。

例如，Li 和 Shiu（2012）的研究表明，在社交网络背景下，个体间社交关系的紧密程度是信息传播和影响力增值（propagation）的重要因素。一些研究也探讨了个体内在动机在信息分享背景下的角色作用，如 Wasko 和 Faraj（2005）在虚拟社区中知识和信息分享研究表明，个体的内在动机比如帮助他人的喜好是个体信息分享行为的重要影响因素。相当数量的研究指出，当用户个体意识到网络中的其他个体需要帮助的时候，他们会产生提供和分享消息和资源的倾向。虽然如此，我们对社交社区情境下的自发式信息扩散行为依然所知甚少（Shi 等，2014）。从另一个角度来看，研究者们早已关注到个体性格特质（personal traits）以及认知习惯（cognitive style）在预测个体在线行为方面的重要意义（McElroy 等，2007），例如，Jadin 等（2013）的研究中通过引入三种个体特征来预测内容开放性虚拟社区中用户的内容贡献行为，结果发现，个体之间的差异调节性影响了个体的亲社会价值属性以及线上内容贡献行为。然而，非常有限的研究关注到社会关系、个体特质以及认知习惯对于个体信息分享行为的影响（McElroy 等，2007）。不同于以上提及的文献，通过量化社会关系资本、个体的特质倾向（防御定向模式）、内在动机以及个体感知（感知控制和感知推荐质量）这些影响个体分享行为的重要因素，本章试图评估这些因素在微博服务背景下，对用户个体营销内容分享行为的综合影响作用。

一、用户调节定向

（一）主要观点

基于个体的成就动机，个体的新行为目标会引起其过去一些行为的相关参与、承诺以及感受等因素的影响。对于一个在主观经验上有着成功经历的个体而言，一个任务所达成的成就会激发个体的一种自豪感（pride）。这种基于成就感的自豪感会引起在任务行为之前的反应，并对新任务目标的后续行为产生激励作用。与此相对应，如果一个个体在主观经验上关注失败的经历，例如，一个任务行为有可能导致的负向愧疚感和损失，这种愧疚感损失同样会激发个体先于任务的反应，从而激励个体施行避开新任务目标的行为。调节定向理论（regular focus theory）基于成就（success）经历影响和失败（failure）经历影响的一般模式，提出了基于个体主观经历区分的促进成就（promotion）和预防成就（prevention）在行为发生之前对于个体行为反应的激励和影响机理（Higgins 等，2001）。根据调节定向理论，个体目标导向的行为均受到这两种显著区别的动机性系统的影响。个体的促进系统（promotion system）关注于获取的达成，对于目标行为的成就、收益以及进展持高度重视的态度。事实上，促进系统的影响模式是对于正向结果的享乐主义（hedonic）认知、是对令人愉悦的行为结果的重点关注、是对正向结果无法达成深感遗憾的一种思维行为模式。与此相对应，个体的预防系统的影响模式关注于安全的获取，对于目标行为的风险以及责任持高度重视的态度。预防系统的认知模式则是对负向结果痛感呈现的一种享乐性关注。

调节定向理论提出两种不同的影响系统（促进系统和预防系统）对于个体的目标导向行为有着统计学意义上的显著区别（Higgins，1997）。具有长期或者情境引起的促进定向（promotion focus）的个体，倾向于采用积极的手段从而达成目标，获取期望的正向结果。例如，一个促进定向的员工个体为了达成更高的项目目标（作为成就目标），可能会广泛关注与项目相关的外部资料，核实目标可能的外部干扰和机会，从而提升项目的定位，获得更好的运营效果。与此相对应，长期以及情境引起的防御（prevention focus）定向个体倾向于采用避免式的方法来实现自身的目标。例如，一个防御定向员工个体为了达成更高的项目目标（作为责任目的），努力按照项目的章程和标准实施，筛选可能存在的薄弱环节，从而把控风险，最终实现更好的运营效果。

调节定向理论将个体促进方面的自豪感和防御方面的自豪感进行概念化提炼，并且证实了这两种调节定向在个体面对新行为目标时所产生的导向性行为：基于历史成就感的促进达成和基于历史风险的危险防御两种倾向。而这两种倾向则区分了个体面对目标时积极促成目标成就和防御潜在损失的行为反应模式。调节定向理论对于个体特性的经典区分是具有普遍意义和巨大的应用前景的，因为这种基于个体内在特性的区分加深了我们对于个体基于经历的先验式行为反应的理解（Higgins 等，2003），从而引发了学界的大量关注。基于调节定向理论的实证结果展示了这种认知模式经典区分在个体的决策（decision making）、问题解决（problem solving）以及先经验影响（experiences influence in activities）等领域中的广泛解释力。

（二）相关研究概况

现有的调节定向理论研究主要集中于社会心理、决策、组织行为、消费者行为等领域。这些研究对个体的调节定向，对个体的认知习惯（Zhang 和 Mittal，2007）、风险决策（Bryant 和 Dunford，2008；van Noort 等，2007）、消费选择（Pham 和 Chang，2010）、记忆（Touryan 等，2007）、社会压力（Worthy 等，2009）、广告（Florack 等，2009）等不同的应用方面展开了细致深入的研究，为我们深化个体的促进定向和防御定向的影响机理和作用提供了许多具有启发意义和指导意义的结果。近些年来，针对个体的行为和认知模式，在组织行为领域和消费者行为领域，有许多学者在个体的身份认同（Johnson 等，2010）、领导影响力（Stam 等，2010）、偏好影响（Florack 等，2010）等问题领域，以调节定向理论为基础，提出假设展开实证研究，证实促进—防御双认知倾向对于个体行为认知的影响，并进一步拓展丰富了调节定向理论。

研究发现，个体的消费决策偏向以及认知好坏会受到他们调节定向的影响。

例如，在 Florack 等（2010）的实证研究中发现，促进定向的个体在消费行为决断中更可能采用隐性偏好（自发冲动，spontaneous impulse），而预防定向的个体则相反（Stam 等，2010）。因为隐性偏好涉及快速地从相关联系的记忆中处理并决定信息的过程，而这一过程与促进定向的积极态度更可能产生关联，同时，这一过程缺乏确定的命题逻辑，因此较少涉及与防御定向的安全相关的判断和决定。Lee 等（2010）的研究表明，在消费决策环境下，不同调节定向的个体在信息的获取分析方面存在显著差异：促进定向的个体更倾向于解析较为抽象、脱离情境（高层级）的信息，而防御定向的个体更倾向于解析具体的、情境相关（低层级）的信息，并且这种匹配会导致个体产生更为正向的态度。这表明，广告相关产品的信息会跟随个体的不同调节定向模式对个体产生不同的认知影响，并最终影响个体的行为决策。而 Roy 和 Ng（2012）的研究则表明，个体的调节定向模式影响到个体对于产品的享乐主义收益（相对于实用主义）的关注侧重（hedonic 对比 utilitarian），即促进定向的消费者更倾向于对呈现高享乐收益的产品（相对于实用主义收益呈现）持更加正向的态度；与此相对应，防御定向的个体则对呈现高实用收益的产品（相对于享乐主义收益呈现）持更加正向的态度。

从另一个角度来看，不论是在组织情境下还是在消费情境下，个体的调节定向均会对他们的风险认知以及相关行为产生显著影响。例如，在 Gino 和 Margolis（2011）的实证研究中表明，个体的调节定向对于个体的风险追求行为有着显著的影响，促进定向的个体更倾向于实施风险追求（risk－seeking）行为，而防御定向的个体则倾向于实施风险规避行为。Bryant 和 Dunford（2008）的研究，虽然调节定向会影响个体的决策和风险承担（risk taking），不同的调节倾向对于个体的风险感知和冒险倾向都有着不同方面的影响，并且，在风险决策的过程中表现了复杂的情感反应。即特定的后果有可能被个体认为是积极风险（收益获取），也有可能被认为是消极风险（损失机会）。例如，同一个行为有可能被促进定向个体认为是积极风险，也有可能被防御定向的个体认为是消极风险。此外，对于促进定向个体而言，身份和职责风险刺激了个体强烈的风险追求偏好、正向风险感知以及正向的情感（cheerfulness - type）。与此相对应，对于防御定向的个体而言，身份和职责风险则激发了个体强烈的风险规避倾向、负向风险感知以及负向感知（agitation - type）。在 Dijkstra 等（2011）的信息推送研究中，获取强调的信息（gain - framed）和损失强调的信息（loss - framed）对于个体反应行为影响是有显著区别的，并且个体的调节倾向对于信息强调和反应行为有着显著的调节作用。这些研究证实了在消费情境和团体内部情境下，调节定向理论对于个体行为的重要解释力。

（三）研究的启示

目前针对调节定向理论的研究，揭示了从个体心理、社会心理以及组织背景等不同视角下，个体的调节定向对个体行为和相关认知的影响。这些研究深入分析了个体的两种认知系统模式（促进定向和防御定向）对于个体风险感知、认知模式以及决策的作用机理。基于调节定向理论，个体受过往历史促进和防御目标成就的影响，在面对新目标的时候，个体的促进自豪感（promotion pride）和防御自豪感（prevention pride）会成为一种认知倾向方向。促进自豪感代表了对成就的达成的努力和渴望，而防御自豪感则代表了对于警戒方式成功的肯定。促进定向的个体保证不浪费每一个可能成就的机会，与此对比，防御定向的个体确保每一个正确的拒绝（correct rejections），从而杜绝可能出现的错误和损失。因此，促进定向和进取手段采纳行为之间就产生了自然而然的匹配，而防御定向和警戒手段采纳之间也存在着类似的匹配关系。

通过文献的阅读和总结发现，从研究方向和问题上来看，调节定向理论研究的实证研究目前有以下三个方面的特征：①一些实证研究主要集中在个体的动机和感知因素，如个体的行为和目标动机（Winterheld 和 Simpson，2011）、个体的满意感知（Zhao 和 Namasivayam，2012）、个体的风险感知特性（Bryant 和 Dunford，2008；Gino 和 Margolis，2011；van Noort 等，2007）、内容评估（Lee 等，2010）等；②一些研究主要集中在个体的直接行为和表现上，例如机会主义行为（Das 和 Kumar，2010）、身份认同（Johnson 等，2010）、消费决策（Roy 和 Ng，2012）、关系建立（Bohns 等，2013）、消费者评论以及口碑传播（Zhang 等，2010）等；③众多研究对于调节定向框架下的个体定向—影响系统的匹配效应（fit）进行了不同背景和情境下的验证和拓展，如领导方式与追随者行为背景（Hamstra 等，2011）、产品推送信息影响力背景、风险感知和风险追求背景（Bryant 和 Dunford，2008）以及用户生成内容背景（Zhang 等，2010）等。这些研究从理论上加深了我们对于双倾向影响系统与个体认知和行为之间关系的理解，为领域内学者提供了新的视野和未来研究的基础；从实践方面来看，为企业和行业加深理解消费者行为前因及后果的联系提供了有益的借鉴和指导。

整体上来看，调节定向理论在解释个体风险感知、决策偏好方面有着非常普遍的适用意义。并且，针对个体调节定向的实证研究细节性地揭示了两种倾向的作用机理，为后续研究提供了翔实坚固的理论基础。然而，通过对相关研究的总结发现，目前在针对调节定向理论的研究中，主要关注于个体的一般化认知匹配效应，鲜有实证研究探索个体调节倾向在线上内容传播以及广告营销背景下对个体直接行为意愿和行为的作用（Zhang 等，2010）。在线上用户研究领域，众多研究关注于相对易变的个体因素，如个体态度、个体感知等，对于个体特性（personal traits）的影响研究较为缺乏（McElroy 等，2007）。另外，目前的调节定向实证研究主要是在西方环境下进行的，针对东方文化背景下个体的研究还比较有限。此外，鲜有研究实证性地调查在线虚拟社区环境下，个体调节定向对于个体信息分享、内容分享行为的影响。而在社会化媒体背景下，在线营销内容分享行为，涉及对其他个体获得有用信息的成就考虑（obtain），同时也存在如隐私顾虑、垃圾信息、声誉受损、社交伦理等方面的风险考虑（loss），因此，调节定向理论在这类信息传播的决策中应该有着重要的解释力。此外，不同的文化背景下，由于经济水平、生活习惯的影响，先有调节定向研究结论的一般性推广意义还有待于进一步确认核实，从而为线上企业的运营发展提供参考。

二、理论发展与假设提出

本小节提出并阐述在社会化媒体情境下，关系因素如何影响用户个体营销内容的传播分享决策的相关假设。在线社区环境下的商业信息传播行为是一种社会交换的过程（social exchange process）（Shi 等，2014），同时也涉及基于新媒体广告和促销的相关群体（营销者用户群体以及个体用户群体）（Hinz 等，2011）。虽然研究中将微博服务提及作为本书假设建立的基础，基于已有文献来看，本书针对理论关系的探讨对于其他类似应用也是适用的。在本书中，我们假设用户个体结果预期，分享喜好、感知控制、感知推荐质量、社会资本以及过往行为会直接地影响个体的营销内容分享意愿。并且，用户个体的过往行为、分享意愿以及线上社会资本会正向地影响个体在社交广播社区中的营销内容分享行为。此外，本研究假设用户的防御定向会调节性影响用户个体的分享行为以及直接前因之间的相关关系。

大量的研究已经展示了个体意愿—行为之间的关系：个体意愿测量和个体可观测行为之间显著的相关关系（Ajzen 和 Fisbbein，1974）。Pavlou 等（2006）基于在线环境下的研究表明，线上用户的意愿对于其信息获取具有重要的预测作用，线上用户的行为意愿在营销背景下，对于个体的实际行为有着决定性影响。在虚拟社区情境下，个体有着更积极的行为意愿（例如，购买意愿、分享意愿等），则意味着其更有可能实施某种行为（Kankanhalli 等，2005）。可以推断在微博情境下，个体对于营销内容有着更乐观的分享意愿则意味着个体更有可能分享此类信息给自己的关联节点用户。因此，我们得到以下假设：

假设4－1：微博服务背景下，个体有着更高的营销内容分享意愿则意味着其有着更高的可能在微博中分享营销内容。

先前的研究证实，作为个体习惯的表现形式，在线用户个体的过往经历会对用户的线上行为以及相关意愿产生重要影响（Pavlou和Fygenson，2006；Perugini和Mark，2000）。根据认知的一般原理，如果个体重复地施行某项行为，会倾向于结构化的行为，是一种特定的认知过程。Limayem等（2007）的研究表明，如果已经存在一定数量的行为经历，在线个体提升了自身对相关行为的精通度，甚至会在不需要努力的情况下完成特定行为。例如，一个微博用户经常通过平台分享诸如促销信息、视频、图像广告等营销者生成的内容，从而帮助自身的伙伴获得有用的或者有趣的内容，这就意味着该个体有可能自动地准备成为一个信息分享者，并且，该个体更有可能对此类信息有积极的分享意愿。因此，如果某微博用户经常参与营销类内容的分享活动，那么该个体将更可能在营销内容分享行为和意愿有更加积极的立场。综上，可以得到以下假设：

假设4－2：在微博背景下，用户针对营销内容的分享过往行为与用户的营销内容分享行为正相关。

假设4－3：在微博背景下，用户针对营销内容的分享过往行为与用户的营销内容分享意愿正相关。

基于Bandura（2012）在社会认知理论的定义，个体的结果预期是个体对于自身行为后果的期许性信念。在本章研究中，基于研究的具体背景和Chiu等（2006）的研究，用户的社区相关结果预期是涉及诸如自身社交圈子的目标，提升圈子中信息的丰富性等与社区目标后果相关的概念。与此相对应，用户的个体性相关结果预期涉及诸如他人的尊重、交友目标等与个体目标直接相关的概念。基于Alavi等（2001）和Zeng等（2013）的研究，用户的营销内容分享行为则是在微博服务背景下，个体将自身获取的特定的由企业相关用户生成的信息分享推介给自身线上朋友圈和伙伴的行为。已有的研究表明，个体的结果预期对个体的线上感知和行为有着重要的影响作用（Bandura，2012；Chiu，2006）。线上个体之间会因为开阔眼界、寻找帮助、结交朋友等目的而发生之时和信息的分享交换行为，而从另一个角度来看，个体们分享特定的信息和内容可能是为了被圈子中的他人视作消息灵通的、富有技巧和知识的、值得尊敬的行家里手（Chiu，2006）。以社区相关的结果预期来说，个体对分享信息持正向意愿有助于帮助社交圈子增加话题和知识，同时也有助于提升圈子的凝聚力和活力（Bock 等，2005）。因此，可以得到以下假设：

假设 4－4：在微博服务环境下，个体用户的结果预期正向地影响了个体用户的营销内容并产生转发意愿。

在信息和内容分享背景下，个体对于自身能力和接收的估计被认为是决定个体参与特定分享行为内在动机的关键性要素（Wasko 和 Faraj，2005）。以往的研究表明，个体的内在动机是个体决定在线帮助他人的重要影响变量，如在 Wasko 等（2005）基于虚拟社区个体在线知识信息分享的研究，Chennamanei 等（2012）基于知识分享的研究等。在社会化媒体环境下，微博服务用户可能会为他人提供有用信息的行为感知到乐趣和喜欢，因为这样的行为帮助他人获取了有价值或者有趣的内容。从已有的文献上来看，分享喜好（enjoyment）被认为是促进性影响在线用户信息分享行为的关键动机，因为对他人的帮助使得分享者得到正面的喜悦感知。因此，拥有更高内在动机的用户会对分享有用信息帮助他人感到愉悦，从而更有可能对营销内容的分享有相对更高的意愿。所以，我们得到以下假设：

假设 4－5：在微博服务背景下，用户的分享喜好会正向影响个体用户的营销内容分享行为。

基于 Ajzen（1991）在研究中的定义，感知行为控制是个体对特定行为参与完成复杂度的估计和感知。虚拟电子化的线上网络中，感知控制意味着个体以内容分享、购买、参与等行为作为目标，对自身资源、技能、机会等方面的评估，来确定这些方面能否支持自身的这些行为。个体对于自身的这些评估因素对个体在不完全掌控的环境下，施行特定行为有着十分重要的影响。一些研究宣称，相对于传统环境，虚拟环境下个体的感知控制会发挥更加重要的角色作用，如 Kang 等（2006）针对线上环境下个体购买行为的研究。在微博服务背景下，首先，营销内容可能会使得个体产生垃圾信息、兜售信息的联想，因为每时每刻在微博中都产生着非常多的推广促销信息；其次，大量的信息也会使个体产生信息过载的忧虑；最后，在社交服务背景下，个体对于自身隐私的关注问题也相当敏感。这些因素意味着个体的控制感知对于个体相对于营销内容的行为将会有重要影响。因此，假如个体对于营销内容的控制感到削弱，那么他们的分享和传播意愿将会受到削减。综上，我们得到以下假设：

假设 4 -6：在微博服务背景下，感知控制正向地影响个体用户的营销内容分享意愿。

基于 Chiu 等（2006）和 Delone 等（2003）的研究，感知推荐质量在本书中被定义为个体所感知到的帮助关系。当用户个体感受到，在自身的在线社交圈子中自己可以获得各种自身所需要的信息和内容时，自己的线上伙伴推荐的信息总是适用和有价值的，他们会感知到更高的推荐质量。以往的研究表明，当个体意识到自身的同伴可以给自身提供富有价值的信息和知识的时候，会有着更高的可能参与互助式的互动活动（Nahapiet 和 Ghoshal，1998）。在线上社交圈子的情境中，微博服务的用户所感知的高质量的推荐和分享行为有助于进一步提升个体间的交换关系的意愿。因此，提出假设如下：

假设 4 -7：在微博服务背景下，感知推荐质量正向地影响个体用户的营销内容分享意愿。

基于 Newman 等（2003）研究中的定义，社会资本（social capital）强调了社交关系的重要性。社会资本不但会影响个体的社交行为（Newman 和 Park，2003），也会影响个体的价值创造整个过程（Tsai 和 Ghoshal，1998）。社会资本是“个体或者社会机构是在自身社交关系网络中存在和嵌入的实际资源（actual）和潜在资源（potential）的总和”（Nahapiet 和 Ghoshal，1998）。基于 Sun 等（2012）的研究，结构性资本（structural）作为社会资本的一个组成维度，主要涉及特定个体与其他成员之间联系的整体形式。并且，结构性资本描述了虚拟社区背景下以个体为目标的网络密度（density）以及中心化程度（centralization）（Wasko 和 Faraj，2005）。关联性资本是社交关系中诸如信任、规范以及身份认同等“无形资产”，这部分资产由社交关系产生并储存在关系之中（Nahapiet 和 Ghoshal，1998）。认知性资本强调了群体成员之间的共同语言（common language）以及相互理解（common understandings），高认知性资本的群体意味着成员间更可能产生有关话题的沟通和互动（Sun 等，2012；Wasko 和 Faraj，2005）。

结合考虑线上背景下社交资本的相关理论研究定义以及本书的实际背景，线上微博服务用户个体的社会资本取决于个体在圈子内相互沟通所花费的整体时间和互动频度（Tsai 和 Ghoshal，1998）。结构性资本暗含了社交应用圈子中信息来源的成本，结构性资本同时影响了虚拟社区内信息持有者以及信息交换方两个方面。认知性资本则是圈子中成员分享语言以及对于群体目标共同理解的反应，与此相对应，认知性资本会促使成员在圈子中的信息获取更加方便，更容易受到氛围和规范的影响，更容易感受到其他个体营销类内容分享的价值，从而在自身的分享行为参与上更加活跃。关联性资本结合了信任、互惠以及相互尊重等成员间的无形资产，该维度在成员之间的协助活动中发挥了重要的角色作用，加强了个体的圈子归属感，从而有利于个体间知识和信息交换行为的产生（Sun 等，2012）。以往的知识分享研究表明，社会资本是影响个体知识信息分享感知和行为的重要影响因素（Chow 和 Chan，2008；Wasko 和 Faraj，2005）。综上，在社会化媒体的营销内容背景下，如果个体用户社交关联属性表现出高相互自主性

(high - inter - independence)、频繁互动性（frequent interactions）以及共同理解性（common understanding），则意味着该用户个体更可能拥有正向的营销内容分享意愿，并且更可能在社交广播环境下分享内容，参与互动。因此，可以得到以下假设：

假设4-8：在微博服务背景下，个体用户的社会资本正向地影响了其营销内容的分享意愿。

假设4-9：在微博服务背景下，个体用户的社会资本正向地影响了其营销内容的分享行为。

三、个体特质的调节作用

调节定向理论（regulatory focus theory）假设了个体“完成富有进取心的目标”与“避免消极负面后果”两种状态（Higgins，1997）。先前的研究已经展示出不同个体的调节定向在个体情绪经历和关注点上的显著区分，如 Higgins 等(2003）针对不同个体定向的实证研究，Kirmani 等（2007）针对说服性知识的研究。在本章研究中，通过采用调节定向问卷（regulatory focus questionnaire）来测试个体基于自身主观经历体验的防御自豪感。高层级的防御自豪感点数意味着该部分个体更可能将自身限定在更低概率导致负向结果的行为方案之中。在目前智能手机承载越来越丰富的社会化媒体应用的趋势下，用户个体在移动网络情境下也面对越来越多的控制因素（Dickinger 和 Kleijnen，2008）。例如，低防御倾向的个体可能基于自身的第一手经验分享有价值的信息和建议给同伴（Sia 等，2009），然而，信息过量的压力、对于垃圾邮件兜售信息的恐惧使得高防御自豪感个体失去了他们对控制感的掌控力。因此，高防御自豪感的个体可能在分享内容方面有更多的信誉损失顾虑、圈子目标违背顾虑等，从而在行为和意愿上更加保守。高防御自豪感群体和低防御自豪感群体在警戒式评估感知系统上的差异可以在相同的目标背景下产生截然不同的结果，比如营销内容的分享情境。

这种群体间行为的差异可能表现在过往行为的影响上。例如，个体规律化的行为习惯往往表现出他们自身的行为模式处于一种潜在风险可控、潜在收益可接受的感知状态之上。改变既有的行为模式对于高防御自豪感个体而言意味着增加了未知和偶发风险的概率；而对于低防御自豪感的个体而言，他们对于风险的敏感度相对较低一些，因此受自身过往行为的约束可能相对较低。综上所述，可以假设用户个体的防御自豪感点数会在个体的过往行为和营销内容分享行为的关系上产生显著的调节作用，我们假设如下：

假设 4 – 10a：在微博服务背景下，高防御自豪感的个体在过往行为和自身营销内容分享行为之间的关系要强于低防御自豪感的个体过往行为和自身营销内容分享行为之间的关系。

人们可以综合、广泛地对特定行为的感知展开评估，但事实上大多数情境下，人们对事物的前评估（pre – consideration）都可能低估了将要遇到的困难和可能的风险（Liberman 和 Trope，2008）。这是由人们的认知习惯所决定的，相对较远的情境下，个体的考虑会趋向于抽象和脱离情境，并且更加自信；而在较近的情境下，个体的考虑则会较多地关联细节、情境相关，并且纠结于细节（Liberman 和 Trope，1998）。当个体在评估自身对于营销内容的分享意愿的时候，他们可能对自己实际的分享行为产生了有所偏重的理解。由分享行为所引起的外围性风险和意向之外的后果更可能影响高防御自豪的个体，这是因为这部分群体更加关注潜在的风险和损失，如垃圾邮件、隐私顾虑等。因此，可以假设对于低防御自豪的个体而言，营销内容分享意愿和营销内容分享行为之间有着相对更强的关系影响。综上，我们假设如下：

假设 4 – 10b：在微博服务背景下，高防御自豪感的个体在营销内容分享意愿和自身营销内容分享行为之间的关系要弱于低防御自豪感的个体营销内容分享意愿和自身营销内容分享行为之间的关系。

在微博服务背景下，对于高社会资本的个体用户而言，在虚拟社区中与成员直接关联相对高于其他个体用户，并且更容易与其他个体产生互动和协作行为。从关联资本的角度来看，这部分用户个体更可能拥有针对社区更强的身份认同感知。从认知资本的角度来看，这部分群体与其他群体相比有可能有较高的共同语言模式和相互理解程度。这一系列的特质意味着，这部分高社会资本的个体更有可能参与资源、信息交换的过程，有着更高的可能以避免误解（Wasko 和 Faraj，2005）。然而与此同时，更高的社会资本意味着更高的信息披露风险和难堪事件传播概率。对于高防御自豪感的个体而言，信誉损失的潜在可能使得他们在信息的传播和推送上持更加谨慎的态度。针对商业信息的分享行为假如得当，满足大家的兴趣喜好和需求，那么就可以得到想要的后果。可事实是，这样的做法很可能背离了圈子的群体目标，因为商业类信息的目的是获取利益。与此同时，高社会资本个体分享这类信息意味着会引发更多的讨论、质疑甚至反对的观点，这样的风险足以使有高防御自豪感的个体在营销内容的分享上持相对保守的态度。基于社会认知理论来看，假如参与分享行为可以导致有利的后果，那么个体会有更强的动机和意愿来参与分享行为（Chiu，2006）。尽管在信息的分享上存在潜在的收益，高防御自豪感的个体会对负面结果出现的概率更加关注。因为“一般而言消费者如果在某方面不能赞同的话，那么他会对广告内容持负面观点”（Tsang 等，2004）。因此，我们假设如下：

假设 4 - 10c：在微博服务背景下，高防御自豪感的个体在社会资本和自身营销内容分享行为之间的关系要弱于低防御自豪感的社会资本和自身营销内容分享行为之间的关系。

四、假设验证方法

本章研究的量表测量方法主要来源于先前的研究，一些研究量表在本书的情境基础上进行了适当的调整。结构性资本的测量依照已有研究的基础，如 Chiu 等（2006）和 Sun 等（2012）的研究，通过反映和测量社交互动节点的方式进行量化。关联性资本的测量方式来源于 Kale 等（2000）的研究，来测度基于关系的信任以及规范等无形资产。认知性资本则基于 Sun 等（2012）和 Chiu 等（2006）的研究，通过测量群体内共同语言和相互理解的方式来反映。基于 Chennamanei（2012）和 Wasko 等（2012）的研究，采用三个题项的方式来测量微博服务社会化媒体环境下用户针对营销内容分享的感受。感知控制基于 Ajzen（1991）的研究以及 Dickinger 和 Kleijnen（2008）的研究，通过三个题项来测量个体在营销内容分享情境下的困难感知和估计。感知推荐质量测量基于 Delone 等（2003）的研究的五个题项来测度个体对于自身同伴营销内容分享帮助度（perceived helpfulness）的感知。营销内容分享行为基于 Dvenport 等（1998）研究中的量表，并结合本书的背景进行了一定调整，从而来获取个体针对 MGC 分享扩散行为的量化指标。个体相关的结果预期通过 Compeau 等（1999）的研究中的六个问题项来测量个体针对个人角度的后果期许。社区相关的结果预期通过 Chiu 等（2006）研究中的量表来测度个体针对圈子目标角度的后果期许。个体的防御自豪感通过 Higgins 等（2003）研究提出的防御定向问卷来测量。

由于构念测量均来源于英文，本书采用 Craig 和 Douglas（2005）建议的“回翻”方法，按步骤进行双向翻译对照验证。即采用两个翻译者将构念测量题项翻译为中文，然后由第三者对两个版本的中文翻译进行对比和评判，从而发现两个版本在语意上的差异。经对比分析，发现其中六个题项在翻译中存在细微的语意差别。经进一步修订这六个题项的翻译之后，将确定的中文题项量表再次翻译为英文，并与原始英文量表相对比，确定两者之间无语意和理解上的差异后，最终确定本章研究中文量表。在经过本研究方向的两位研究生和两位老师在用语、句式以及歧义性方面进行核查，并按照建议进行细微的调整改进，最终获得研究问卷。

为了测试研究量表设置和题项说明的有效性，一项涉及 36 名具有 1 年以上微博服务（包含新浪微博、推特等类似服务）使用经验的用户个体进行填制。为了更好地收集参与个体对于问卷题项语意清晰性和简明性的意见，所有的预实验结果按照面对面（face - to - face）的方式收集，根据实验参与者的反馈意见，在问卷中对涉及的专业术语进行了注释和阐明，一些问题项的用语进行了改写（例如，对调节定向问卷题项进行了进一步的修订）。通过应用因子分析方法以及检测反馈数据的测量量表的 Grobach'α 值，确定了本书构念的有效度和稳定性方面达到了 Falk 等（1992）所建议的标准值。

本书基于实际微博用户个体参与者的数据来检测相关假设和研究模型，所有的研究调查参与者均在本地大学中招募。所有的调查参与者均有智能手机以及电脑，而且所有的实验参与者均具有半年以上的新浪微博实际使用经验。所有的调查参与者被告知本书调查仅仅处于科学研究目的，所有的数据收集和处理均采用匿名的处理方式。由于微博类社会化媒体应用以及移动化网络已经成为青少年群体日常不可或缺的部分（Kwak 等，2010），从相近研究的样本选取来看，采用学生样本作为本书的样本主体按照研究惯例来说是可以接受的（Pedersen，2005）。在进行匿名性保证后，问卷由调查参与者进行填制，接下来参与者需要留下自身的联系方式以备后续的研究报酬发放。由于抽彩式奖励方法设置在 Wang 和 Benbasat（2009）的调查式实证研究中表现出高度的有效性，为了鼓励个体参与的有效性，本书研究共提供人民币 2000 元的抽彩奖励（中奖比例，1∶10）。共计有350位志愿者在本书研究中严格按照本研究的程序设置，并且在规定时间内（过短时间完成问卷被视为无效数据）完成问卷反馈。经过排除题项填写缺失、呈特定填写规则（例如，一字形、Z字形等）的无效数据，最终获取有效反馈数据319份，有效问卷填写率为91.14%。

本章研究采用结构方程模型（structural equation modeling）的方式来检验研究假设，分析回收数据。相对于方差分析、回归分析等传统分析方法而言，结构方程模型方法有着以下一些方面的优势（Bagozzi和Yi，1989）：首先，对于因变量的方差和协方差的同质性（homogeneity）方面，结构方程模型没有强制性限制要求，而传统分析方法则有这方面的限制。其次，结构方程模型方法可以自动控制潜变量测量中所存在的测量误差（measurement error），从而降低了接受实际不成立假设的可能，降低二类错误（type Ⅱ errors）出现的可能性。最后，传统的统计分析方法如方差分析、回归分析仅限于相应构念变量之间的相关关系，而结构方程模型则可以从理论关系和模型整体的角度完整地建模，考虑相关假设的成立性。此外，传统的统计分析方法需要分别对研究的测量模型和结构模型进行检验分析，而结构方程模型方法则可以同时对检测模型和结构模型进行分析检验。

基于下述一些原因，本书采用偏最小二乘（Partial Least Squares，PLS）法分析技术来对本书研究的结构方程模型进行检验。首先，作为一种第二代的因果模型（causal modeling）统计方法，PLS方法可以同时对研究测量模型和结构方程进行检验，同时可以评估构念效度和因果模型（Fornell和Bookstein，1982）。其次，PLS方法对于测量构念的量表无统一性要求，适合于基于原始量表（original scale）和操控构念的分析，从而适用于本书的背景（Fornell和Bookstein，1982）。最后，PLS方法同样适用基于构成型构念（formative constructs）和反应型构念的模型，并且适用于小样本的分析，因此，PLS是理论发展初期验证性分析非常适用的工具方法（Hair等，2011）。基于以上考虑，本章研究采用PLS方法作为模型检验的方法。

五、用户特质及关系影响结果分析

（一）共同方法偏差

本书研究采取了匿名性、题项顺序设置、过滤性问题（filter）以及奖励的方式来尽量从程序上减少共同方法偏差的影响（Podsakoff 等，2003）。然而，由于本书采取自报告的方式，因此从程序上不能完全排除共同方法偏差的影响。为了准确评估共同方法偏差对实证结果的影响，本书采取了基于统计的验证方法。根据已有研究的建议，采用 Podsakoff 等（2003）所提出的 Harmon 单因素检验来对本书研究的主要构念变量进行分析。基于该方法的探索性因子分析结果表明，由最大析出因子所解释的方差百分比为 24.043，从而表明没有出现大比例的方差由单个因子所解释的情况。此外，基于 Liang 等（2007）和 Williams 等（2003）所建议的基于 PLS 方法的共同方法检测程序，在研究模型中加载联系所有单个量表指示变量的共同方法偏差因子来评估路径系数（path coefficients）。检测的结果表明，平均指示变量解释变异为 0.708，作为对比，平均方法偏差解释变异为 0.007（实质变异与方法变异的比例为 101∶1）。此外，共计 44 调方法因子载荷路径中，共有 35 调方法因子载荷路径在 5% 的水平上不显著。结合两种共同方法偏差的检测结果，可以推断，共同方法偏差没有对本书理论模型之间的预期关系检测产生显著性影响。

（二）测量模型检验

为了检测测量模型的有效度，本书通过 PLS 对于测量模型的分析结果，来评估题项权重以及载荷等检验指标所表现的构念的聚集效度（Cook 等，1979），以及由构念相关性检验所表现的构念间的区分效度（discriminant validity）（Campbell 和 Fiske，1959）。基于先前的研究基础，如 Cenfetelli 等（2009）的研究，分析结果表明了测量题项的相对重要性（relative importance）和绝对重要性（absolute importance）。基于 PLS 对于测量模型的分析结果，三个主要的检验用来测量研究构念的聚集效度：因子载荷（代表了问题项的可信度）、构念组合信度（composite reliability）以及构念的平均提炼方差 AVE（average variance extracted by constructs）。本书测量模型的评估结果表明，因子载荷（item loading）均高于先前的研究设定的标准值，如 Chin 等（1998）的推荐标准（>0.5）。本书构念的组合信度均高于 Nunnally（1967）推荐的指标（>0.7），并且构念的平均提炼方差（AVE）均大于0.5。此外，本书构念的 Cronbach'α 值均大于 0.7 的标准值。这些结果表明，本书研究的测量模型具有良好的聚集效度。

为检验研究构念的区分效度，即不同构念之间的显著区分（Campbell 和 Fiske，1959），本书首先对比模型中每个构念 AVE 的算术平方根与该构念与其他构念的相关性数值，即构念算术平方根均大于该构念与其他构念的相关性数值。此外，测量模型中的每个指示题项在所在构念的载荷均值，均大于在其他构念上的交叉载荷，而且每个指示题项在所在构念的载荷值也大于其他构念题项在该构念上的交叉载荷。本书对测量模型的分析结果表明，研究模型中的构念之间有着良好的区分效度。

（三）检验结果

通过对控制变量的分析检验，如年龄（$\beta=-0.091$，$p>0.1$）、性别（$\beta=0.048$，$p>0.1$）、教育（$\beta=-0.027$，$p>0.1$）、微博使用经验年限（$\beta=0.033$，$p>0.1$）、微博使用频率（$\beta=0.081$，$p>0.1$）均没有对个体的营销内容产生显著性影响。在主效应的 9 条路径中，共有 7 条路径在 95% 的置信水平上通过假设检验，此外有两条假设路径没有通过95%置信水平上的检验。结构模型的分析结果表明，个体针对营销内容的分享意愿会对个体的营销内容分享行为产生显著的影响作用（$\beta = 0.283$，$p < 0.01$），因此，假设1通过假设检验。其次，实证结果表明，个体的过往行为同样会对个体的营销内容产生积极的影响作用（$\beta = 0.310$，$p < 0.01$），并且，过往行为同样会对个体的营销内容分享意愿产生显著的正向影响作用（$\beta = 0.116$，$p < 0.01$），因此假设4－2和假设4－3通过检验。此外，结果预期对于个体的营销内容分享意愿也有显著影响，在社会广播社区中，结果预期对于个体的营销内容扩散行为产生了正向的促进作用（$\beta = 0.375$，$p < 0.01$），因此，假设4－4通过检验。

个体分享喜好（enjoyment）以及感知控制（perceived control）的重要影响作用也在模型的分析中得以验证，结果表明，个体的分享喜好对于个体的营销内容分享意愿有着显著的影响，因此，假设4－5通过实证分析检验。另外，感知控制和个体营销内容分享意愿之间也被证明存在显著的正向关系，表明个体的感知控制对于其分享意愿有着重要的促进性影响。因此，假设4－6通过检验。与预期的设想相反，感知推荐价值对于个体的营销内容分享意愿的影响作用并不显著，因此，假设4－7没有通过检验（$\beta = 0.017$，$p > 0.1$）。实证分析结果表明，社会资本对于个体的营销内容分享行为没有显著性影响（$\beta = 0.029$，$p > 0.1$），然而，结果表明社会资本会正向地促进用户的营销内容分享行为（$\beta = 0.149$，$p < 0.01$）。所以，假设4－8没有通过假设检验，而假设4－9通过假设检验。

（四）用户特质调节作用分析

基于Higgins等（2003）的研究以及Henseler和Fassott（2010）建议的方法，在通过调节定向问卷计算出防御自豪感后，基于个体防御自豪感的交互作用可以通过防御自豪感与其他变量的乘积进行建模分析的方法来进行检验（Chin等，2003）。为了检测个体防御自豪感在个体的营销内容分享行为和三个前因变量关系上的调节作用，本书进行了一个包含五个模型的层次分析程序。

在模型1中，包含了所有的控制变量。在模型2中，参与个体的社会资本、过往行为以及个体的分享意愿几个变量加进了模型，实证分析结果表明，模型对于内生变量的解释力（R^2）从0.061提升至0.335，从而表明微博用户的线上社会资本、过往行为以及分享意愿可以解释相当部分的个体营销内容分享行为。在模型3中，加入了个体的防御自豪感变量，结果表明个体的防御自豪感对于个体的营销内容分享行为而言，可能不是一个显著的直接预测变量（$T=1.351$，$p>0.1$）。模型4、模型5以及模型6分别引入个体防御自豪感的调节作用影响。结果表明，在个体意愿和过往行为的调节作用路径上均为显著，路径系数分别是-0.117（$T=2.213$，$p<0.05$）和0.165（$T=2.865$，$p<0.01$）。然而，个体防御自豪感在个体社会资本和营销内容分享行为关系上的调节作用虽然正向，却并不显著（$T=0.836$，$p>0.01$）。因此，假设4-10a和假设4-10b都通过假设检验，而假设4-10c未能通过假设检验。

相对营销内容的影响而言，过往行为、分享意愿以及个体防御自豪感的交互作用依照Sun等（2012）研究中的方法进行分析。实证分析结果表明，用户个体的防御自豪感在不同的个体分享意愿层级上对个体的营销内容分享行为有着显著性的影响。相对于高防御自豪感个体而言，低防御自豪感的用户的分享意愿对他们的营销内容分享行为的影响要稍强一些。这样一个结果表明，个体的防御自豪感在个体营销内容的分享意愿和分享行为的关系上产生了负向的调节作用。另外，实证结果表明对于高防御自豪感的个体而言，过往行为对于他们的营销内容分享行为有着相对更强的影响作用，从而证实了防御自豪感在这一关系上的正向调节作用。

六、用户特质与内容感知密切相关

本书基于个体的心理调节倾向影响的理论视角，借鉴虚拟社区环境下信息分享以及内容分享的研究成果，论证了影响个体营销者分享行为相关因素，构建了微博服务用户营销内容分享行为的研究模型。在对比分析不同特质个体在虚拟社区内容分享环境下的感知和行为的区别的基础上，本研究探讨了个体的分享喜好、个体以及集体相关的结果预期等内在动机对于个体营销内容分享行为的影响；同时分析了同侪性影响，如个体对于其他个体分享的内容推荐质量感知（感知推荐质量）；此外，本书也探讨了比如感知控制、社会资本等因素的影响作用。实证分析证实了我们的理论模型，量化地验证了大部分的假设关系。首先，结果表明，在微博服务背景下个体的线上社会资本的结构化维度和认知性维度会对个体的营销内容分享行为产生显著的影响作用。其次，在微博服务背景下，个体的分享喜好、结果预期（个体结果预期和集体结果预期）是影响个体营销内容分享行为的重要因素。再次，个体的过往行为是影响个体传播营销内容意愿和行为的重要预测因素。最后，针对防御自豪感调节作用的分析表明，个体的营销者分享行为和前因变量之间的关系受到个体调节定向模式的显著影响。这一点表明个体的认知类型（cognivite style）和特质（trait）会对个体的在线行为产生重要的影响（McElroy 等，2007）。

在营销内容分享的背景下，对于这些影响因素的作用角色提供实证性的验证是有现实意义的。虽然先前的研究已经对一些因素（例如，社会资本等）在知识和信息分享中的角色展开关注和讨论，在用户参与的背景下，对营销内容传播分享的探讨无疑将加深我们对线上社区内容转发（Shi 等，2014）以及营销策略

（Kane 等，2014）的理解。关联资本在本书背景下的弱影响作用可能是由营销内容分享中分享关系属性（relationships）以及网络的电子化（electronic network）属性所造成的。如同 Wasko 等（2005）研究所揭示的：在虚拟社区环境下，信息及内容分享不经意间涉及多边关系（multilateral）而不是双边关系（bilateral），因此诸如承诺、规范以及信任对于个体的内容贡献行为而言并非必要。此外，与我们的预期相反的是，虽然在关系上呈现了与研究假设一致的倾向，高层级的社会资本并没有成为预测个体营销内容转发意愿的显著影响因素。这样一个研究结果与知识和信息分享背景下的结果不一致，例如在 Chow 等（2008）针对社会资本以及知识分享的研究中以及 Hau 等（2013）的社会资本对个体显性和隐性知识分享意愿影响的研究结果。可能的解释是针对营销者生成的商业类信息而言，个体的分享有可能局限于值得信任的近关系中（Chu 和 Kim，2011），因此虽然高的社会资本不能表明，个体有着更高的针对营销内容的分享意愿，由于高链接关系的存在，高社会资本依然意味着实际转发行为的发生概率更高一些。此外，个体针对营销内容的转发参与的特点，在个体的感知推荐质量和自身的分享意愿的不显著关系上也得到了体现。感知推荐质量对于分享意愿的不显著影响表明，即使其他个体的类似分享行为所展示的内容有趣且必要，也不会显著影响个体的分享意愿和分享行为，在分享营销内容的背景下，这种同侪间的互惠性影响可能微乎其微。在本书中还有个与预期不符的结果，就是个体防御自豪感在个体社会资本和个体营销内容分享行为关系上不显著的调节作用。可能的解释是，不同的防御自豪感个体之间在从社会资本角度对分享行为的影响上来看，不存在显著区别。相对于低防御自豪感个体而言，高防御自豪感的个体在营销内容背景下，从个体关系的角度来决定分享行为上的角度来看是类似的。

从理论应用的角度来看，本书从揭示社会化媒体的角度提出了以下一些理论见解：第一，先前的诸多研究探讨了在虚拟社区媒体环境下用户参与和企业宣传影响力的关系，如 Goh 等（2013）、Lyons 等（2005）、Porter 等（2008）等，然而这些研究的首要关注点暗含了在社会化媒体中的一种整体消极式的反应模式，而这样的一种模式对于社会化媒体环境下建立有效的营销策略是远远不够的。通过强调和建立营销内容在社会化媒体背景下的角色作用，即由企业和营销者用户所生成和创造的内容，本书的实证探索表明，从研究上而言，社会化媒体的这部分用户在内容创造和传播上可以扮演更加主动的角色，而不是基于传统研究的反应式角色。

第二，本书作为较早对社会化媒体环境下个体商业性信息的传播行为和动机进行概念化以及理论性量化的研究之一，实证结果提供了新的理论性理解。基于以往的研究（Shi 等，2014），在虚拟社区环境下对于自发性信息传播过程的形象化展示是一个十分重要的问题（spontaneous information delay process），众多的研究缺乏微观层级数据以及细节性证据（Shi 等，2014）。不同于大部分研究应用的描述性计量分析方法，通过基于实际微博服务用户数据所建立的个体动机观点，本书概念化地描述了自发性信息传播过程中个体动机的影响框架，从而加深了我们对于社交性广播（social broadcasting）背景下，个体间内容分享（content sharing）行为的理解。

第三，本书创新性地采用相同量表分析相关因素对于用户内容分享行为综合性的影响。在本书中，我们引入诸如社会资本、结果预期、分享喜好、感知控制、过往行为以及感知推荐质量等相关因素来建立预测营销内容分享行为的框架模型。每个因素都有着其独特的理论基础和主旨，没有研究从综合性影响的角度来考虑这些因素的关联作用。通过在相同量表基础上，对这些因素的综合性分析，本书的实证性结果有助于我们更好地理解社交类应用中用户间自发的广告以及商业化信息分享行为，更好地理解特定因素的角色作用。

第四，通过展示个体调节定向在个体线上社区分享行为中的影响作用，本书拓展了调节定向理论的应用。本书的实证分析结果表明，个体的防御自豪感会对个体的营销内容分享行为有着调节性的预测作用，从而为我们评估个体性格特质

（personality）对个体线上行为的影响提供依据，营销内容分享行为（McElroy 等，2007）。基于 McElroy 等（2007）的研究，线上用户研究者们对于个体态度（attitude）以及个体感知（perception）等个体因素有着广泛的研究和关注，而一些相对不变的因素诸如个体特性（personality）以及认知方式（cognitive style）的作用和影响的探讨还相对较为缺乏。本书的研究结果表明，调节定向理论，这一针对个体特性的双因素划分理论，在预测个体的线上营销内容的分享行为方面有着独特的作用。本书针对个体防御定向的讨论希望能引起线上用户领域内对个体调节倾向作用的更多关注。

在实践方面，本书同样提供了几点有意义的建议。在社会化媒体背景下，营销内容是由企业用户创造的、具有说服性角色作用的内容。仅仅依靠用户生成的传播效力（users - generated buzz）对于企业而言是次优的选择，因为对于完全用户内自发的内容生成和传播，企业缺乏足够的控制力。营销内容，则是对用户主导散布（buzz）的有益补充（Goh 等，2013）。本书的实证结果表明，营销者应当充分重视用户的参与热情以及内在动机的影响，并且为用户结果期望的影响力发挥提供良好的氛围。对于营销者而言，一个合适的策略是通过用户间的互动来扩大自身市场活动的影响力，因此营销者应当在内容设计上注重内容的新意以及趣味性。例如，制作精良、拥有创意的生成内容更可能被个体传播，因为这有助于充分地激发、符合个体内在动机的发挥（Wasko 和 Faraj，2005）。

而且在社会化媒体背景下，拥有高直接人际联系关系的中心化用户可能是营销者的目标群体（例如，高结构资本的用户以及高认知性资本的圈子），然而，这并不意味着高链接的用户会有着更高的动机来分享营销内容的分享意愿。营销者可以通过这些高社会资本节点来增强自身的影响，这可能仅仅是因为这样一个做法在社会化媒体中对于关系的覆盖率更高。因此，当营销者考虑自身生成的说服性信息散播的时候，营销者可以挑选高结构关联（structural tie）和高共同理解（common understanding）的个体（Wasko 和 Faraj，2005）。对于营销者而言，为了获取更广泛的内容观众，精确定位关系网络中的中心化用户是有意义的，但是可能也仅局限于关系覆盖率而已。

此外，在社会化媒体环境下，对于营销者而言，针对高和低不同的防御自豪感的用户群体应该采用有区分的接近策略。具有高防御自豪感的个体，会对营销内容的分享相对更谨慎，同时也有着比较固定的分享行为习惯表现。与此相对，具有低防御自豪感的个体的分享意愿则相对更能预测他们的实际分享行为，同时低防御自豪感的个体的过往行为对于他们的分享影响也相对较低一些。如果高防御自豪感的个体存在着近期的营销内容的分享行为，那么就意味着他们更可能在用户间分享类似内容。可能的解释是，高层级防御自豪感的个体更依赖于已建立起来的信任，如果他们觉得某些行为是有益无害的，行为模式更可能固定不变。

本书存在的局限性为未来的研究提供了启发和机会。第一，本书研究的数据收集并非完全随机性样本。虽然依据已有研究的经验，以年轻人作为主体的研究样本可以在一定程度上保证研究的外部信度（Pedersen，2005）。采用随机实验的样本选择模式，无疑对研究结果的推广有着更强的帮助能力。第二，作为一个实证研究，我们的研究主要在微博客服务（micro - blogging service）背景上进行，这可能限制了研究结论的适用性范围。如果采用二中选一的双研究社交网络应用背景模式，则研究结论的适用性则会进一步增强。第三，本书的研究模型对于用户个体实际的营销内容的分享行为，表现出较好的解释效力（Sun 等，2012），然而，未来的研究可以扩展到其他的视角，如广告感知影响以及品牌影响等视角，并增加更多的控制变量以及构念（例如，文化因素、平台因素等）。虽然这些扩展研究的设想会在数据收集等环节存在一定的困难，但是这些方面的努力无疑会为我们提供对虚拟社区信息传播的过程更加深入的理解和视角。

第五章　内容展示方式的影响

"少即是多。"

——德维希·密斯·凡德罗（现代主义建筑大师）

一、用户态度和参与

社会化媒体的发展十分迅速，对于个体而言，移动社交已经成为日常生活中必不可少的一部分。营销者们在移动社交领域看到了商机，社会化媒体营销内容在这种背景下呈现出爆发式的增长，如在社交圈出现的营销内容。社会化媒体背景下的营销内容与传统营销内容的不同之处在于，用户可以与营销内容商和社交平台上的好友在营销内容下进行互动，它不再是一个单独的营销活动。因此，用户看到的不仅只是营销内容本身，同时他们更关心的是好友的动态。在这种背景下，消费者对营销内容的态度和参与行为都发生了变化。

用户对营销内容的态度，反映了对营销内容的正面或负面看法。理论研究中的营销内容态度应能反映出用户对营销内容的普遍态度，会跟随与相关内容的不断接触而产生相对固定的赞同或否定倾向（Burns，2003）。但人们对营销内容的态度尚未形成统一的观点，因此我们需要根据研究目的和具体情况来理解。由于营销内容态度是一个相对抽象的概念，因此，研究者通常需要通过实际应用中的具体项目来衡量它。语义差异量表在国外研究中被广泛使用，该量表分为单项目量表和多项目量表，大多数学者使用后者进行测量。此外，研究者也常用李克特量表进行研究测量。国内研究者大多参考国外的测量方法，使用李克特量表和语义差异量表进行测量，其具体项目一般会根据实际研究情况进行调整（顾远萍，2014）。

"参与"是社会化媒体营销内容研究和评估中不可或缺的重要指标，有研究者在定义了社会化媒体背景下营销内容参与效果的三项量化指标后（用户是否曾对信息流营销内容点赞、是否曾在营销内容下发表过正面的评论、是否曾查看信息流营销内容详情）探讨营销内容频率、营销内容频率上限、营销内容表现、营销内容品牌契合度对营销内容参与效果的影响，结果发现营销内容频率上限和营销内容表现对用户查看营销内容详情有显著影响，而另四个变量无显著影响。原因可能是问卷调查询问的是用户所接触的营销内容的综合评价，而不是针对单则营销内容的感知；若选择几个营销内容进行营销内容效果的对比测试，上述变量可能会产生显著的影响（徐智等，2016）。

此外，用户对社会化媒体的参与和分享行为有所区分："参与"行为包括用户在某社会化媒体具体的某一篇推送下进行评论，或在公众号推送后台留言，参与公众号推出的相关活动等行为。而"分享"行为包括用户将公众号内容分享到朋友圈或转发给好友，以及向周围的亲朋好友分享公众号名片等行为。用户使用微信的频率不同会导致社会化媒体用户的参与和分享存在显著差异；丰富的信息来源对社会化媒体用户的参与和分享有较大程度的正向影响（瓦子珺，2018）。

二、社会化媒体背景下的展示效果

社会化媒体背景下的信息流广告的出现代表了精准传播手段的崛起。该种手段有别于其他形式的传播，它建立了一个以消费者为中心的数据库，挖掘了消费者的个性化消费需求。这种营销手段强调每个独立的消费个体，预测不同消费者个性化的潜在需求，进行有针对性的广告传播，并促使消费者产生购买意愿、完成购买行为（王浛等，2018）。虽然营销内容在社会化媒体多次出现使得曝光量和持续关注度较高，但存在“营销内容评价的关联性差别，传播焦点模糊不清”这一问题。用户对营销内容品牌和产品的评价更有可能呈现负性观点。当用户对社会化媒体背景下的内容广告失去新鲜感后，这些营销内容的宣传效果较初期而言有明显的下降趋势。营销内容在此类背景下仍需要在努力进行数据分析与大数据精准投放上下功夫，并应对投放的艺术性和创造性提出更高的要求。

社会化媒体背景下的营销内容传播以“熟人社会”为特征，并具有“低噪声”的特点。例如，私人页面或朋友圈广告可以减少用户对营销内容的防御，并可能引导用户做出积极的反应。但它也存在数据定位不够准确、广告精准度低等问题。此外，有别于微博等其他社交平台，社会化媒体背景下的个人空间是一个基于“强关系”的线上熟人社区，能够在很大程度上保证用户对平台的黏性，从而提高营销内容的传播力；该平台上，营销内容也具有很高的触达率。社会化媒体背景下的营销内容已成为提升品牌知名度和美誉度的重要途径。现阶段，考察朋友圈信息流广告的传播效果方式有很多，主要集中在点赞、评论等处置行为上，但却很难判断这些行为背后的广告态度和品牌态度。

本章以社会化媒体信息流营销内容为例，旨在研究以即时通信应用为代表的社会化媒体平台上的商业内容暴露程度会如何影响用户对营销内容的态度及参与程度，其中考虑营销内容类型和营销内容形式等因素是否会对结果产生影响。基于此，本书将构建理论模型，提出假设，然后通过问卷调查的方法验证假设的正确性，并据此提出社会化媒体信息流营销内容投放的相关建议。

本书试图解决以下两个关键问题：

（1）在社会化媒体背景下，营销内容的多次展示会如何影响用户对营销内容的态度？

（2）在社会化媒体背景下，营销内容的多次展示会如何影响用户对营销内容的参与情况？

三、研究假设构建

本章是在文献及理论分析和提出假设的基础上构成的，通过阅读总结文献和观察发现，社会化媒体背景下的营销内容展示次数是营销者及社交平台十分看重以及着力控制的项目，故本章从该维度出发，探究该变量与用户对营销内容态度及参与之间的关系。另外，有研究发现营销内容类型和营销内容形式会对影响用户态度与参与的结果有调节作用，故本书引入营销内容类型（娱乐型、实用型）和营销内容形式（图文、视频）作为控制变量进行研究。

（一）研究假设

在社会化媒体刚推出用户空间营销内容展示时，由企业进行了一项关于社会化媒体用户对该类营销内容看法的调查，结果显示有约 51.5% 的受访用户认为，用户空间信息流营销内容出现频率太高，让他们对这类营销内容感到反感。也就是说，有超过一半的受访用户因用户空间商业内容暴露程度过高而对信息流营销内容产生了较为消极的态度。根据所阅览的文献也可以发现，大部分学者认为社会化媒体中商业内容的暴露会影响用户浏览社会化媒体内容时的流畅性，破坏他们对媒介信息的认知过程，从而影响他们对营销内容的态度。总而言之，用户空间中商业内容暴露程度越低，信息流营销内容的曝光频率越低，破坏用户浏览社交平台信息时的流畅性的概率越小，用户对营销内容的态度可能就越好。因此，本书提出以下假设：

假设5-1：社会化媒体背景下的内容展示次数对用户针对营销内容的态度有正向的影响作用。

理性行为理论认为，人的实际行为会被他们对于实践该行为的意愿所影响。同时，人的态度和主观规范会共同制约和影响这种行为意愿的强弱程度，其中的态度指的是行为主体对他们实际产生的行为展现出的积极或者消极的态度。根据本书前文的假设以及行为理论中态度、意愿与行为的强烈相关性，可以猜测：当社会化媒体用户空间中商业内容暴露程度越高时，信息流营销内容的曝光频率越高，越可能破坏用户浏览社交平台信息时的流畅性，用户对营销内容的态度越差，用户对营销内容的参与行为可能越消极，越不愿意对营销内容进行点赞、评论等互动参与行为。因此，本书提出以下假设：

假设5-2：社会化媒体背景下的内容展示次数对用户针对营销内容的参与有显著的负向影响作用。

（二）营销内容类型的调节作用

本书基于已有研究和社会化媒体背景中实际投放出的营销内容，将营销内容类型分为娱乐型广告（包括汽车、数码等非必需品类广告）和实用型广告（包括日化、食品等必需品类广告）。从产品的性质来看，汽车、数码类娱乐型产品具有较高的享乐属性，而日化、食品等实用型产品则具有较强的功能属性。根据以往的研究，享乐属性高的产品作为广告主角，比功能属性强的产品有更大的概率让浏览到的用户感到有趣、有吸引力等积极的情绪。所以，这两种不同类型的广告可能会影响微信朋友圈商业内容暴露程度与微信信息流广告态度及参与之间的关系。因此，本书提出以下假设：

假设5-3：营销内容类型对社会化媒体背景下的商业内容展示程度与用户营销内容态度之间具有显著的调节作用。

假设5-4：营销内容类型对社会化媒体背景下的商业内容展示程度与用户营销内容态度和参与行为之间具有显著的调节作用。

（三）营销内容形式的调节作用

结合已有研究和实际情况，本书在研究刺激的设置上将营销内容形式分成图文广告和视频广告两类。从这两种广告的特性来看，图文广告为静态的广告，视频广告为动态的广告。根据动态生物信息理论，比起静态的事物，人们更加喜欢运动的事物。有外国学者通过实验发现，人在观看图像时，动态图像比静态图像更能引起大脑皮层兴奋性的增加（Detenber和Reeves，1996）。类比到微信朋友圈，这意味着视频广告比图文广告更可能刺激到用户的大脑，让他们兴奋起来，从而对广告产生更加积极的态度和反应。故这两种不同的广告形式可能会影响到社会化媒体展示程度与用户相关态度和参与之间的关系。因此，本书提出以下假设：

假设5-5：营销内容形式对社会化媒体背景下的营销内容展示程度与用户相关态度之间具有显著的调节作用。

假设5-6：营销内容形式对社会化媒体背景下的营销内容展示程度与用户相关参与之间具有显著的调节作用。

四、研究方法与设计

经文献整理和初步研究后，营销内容展示程度参考 Gerard（2000）的研究进行题目设置，营销内容和用户态度参考 Valaei（2016）的研究设置，用户参与参考本书第三章的设置。在大规模发放问卷前，先进行了小规模的预调查，调查对象主要为在校小学生，共收回 64 份问卷，有效问卷 60 份。经过统计分析软件 SPSS 对预调查的数据进行信度和效度的检验后，发现测量广告参与的题为多选题，无法测量信度与效度，故对广告参与的题项进行修改，将其修改为量表题。此外修改了一部分措辞和问卷题目的顺序，最后形成正式问卷。

问卷主要分为三个部分，第一部分为日常行为调查，主要调查的是用户平时使用微信的习惯等；第二部分为情景模拟，本书研究在 H5 页面制作平台“人人秀”上制作了模拟微信朋友圈的界面，并根据商业内容暴露程度的设定在其中插入了微信朋友圈信息流广告；第三部分为个人基本信息，主要收集受调查者的性别、年龄和学历等基本信息。

通过情境问卷调查的形式在虚拟社区、微信群等线上征募被试并发放电子问卷共 321 份。问卷填写说明主要告知填写问卷的受调查者问卷的主要调查内容、用途、完成问卷可能需要花费的时间等，并在受调查者填写完问卷且确认其问卷有效后对其发放问卷的报酬。因问卷中含有情景设置，需要一段时间阅览，故在收集问卷后，将填写时间小于 90 秒的问卷进行删除，共删除无效问卷 21 份，留下有效问卷 300 份，问卷有效率为 93. 46%。其中 156 份是关于营销内容展示程度低的问卷，144 份为商业内容暴露程度高的问卷，问卷比例较为均衡，可进行下一步分析。

五、研究结果分析

（一）描述性分析

对300份有效问卷进行描述性统计分析，包括性别、年龄、学历等个人基本信息以及浏览社会化媒体个体空间的频率、每次浏览个体空间的时长、是否在社会化媒体背景下看到过营销内容展示等关于使用社会化应用的日常行为信息。性别分布为女性占58%，男性占42%，女性比例相对男性比例而言较高，原因可能是被调查者大部分为笔者大学校友，学校女生人数较多，故被调查者中女性占比也相对较高。被调查者的年龄主要集中在19～35岁，这个年龄段是微信用户的主要组成部分，故该年龄分布比较合理。学历主要为本科及以上，使被调查者更容易理解问卷的含义并进行作答。

有接近90%的人每日浏览微信社会化媒体空间一次及以上，说明被调查对象大部分浏览微信社会化媒体空间的频率较高，更易成为微信社会化媒体空间信息流广告的投放对象，而选择了几乎不浏览社会化媒体空间的问卷作为无效问卷删除。关于浏览社会化媒体空间的时长，有一半左右的被调查者每次浏览少于10分钟，说明大部分用户在浏览微信社会化媒体空间时可能并不认真，只是随手翻看，对出现的广告更可能直接忽视。在被调查对象中，有90%左右的人表示在微信社会化媒体空间中看到过信息流广告，说明信息流广告的投放力度较大，大部分用户都能看到。对于在社会化媒体空间中的点赞或评论行为是否活跃这一问题，有约80%的人点赞行为较为活跃，说明他们在微信社会化媒体空间中有互动的意愿，更可能对信息流广告有点赞或评论等参与行为。

（二）信效度检验

信度是指测量结果的可靠或稳定程度。本书采用内部一致性信度检验，即 Cronbach's Alpha 信度检验，该方法认可度较高且被各研究广泛使用。通过 SPSS19.0 的可靠性分析，问卷中各变量的 Cronbach's Alpha 均高于内部一致性的可接受水平，且均大于 0.8，说明本书设计的量表具有极好的数据可靠性和内部一致性，可继续进行下一步的效度分析。效度是测量工具或方法能测量所观察指标的有效及准确程度。本书首先检测变量之间的关系是否能够满足因子分析的要求，通过巴特利特的球形度检验和 KMO 检验，结果显示球形度检验近似卡方为 11048.542，其 Sig. 值小于显著水平 0.05，KMO 值为 0.793，说明变量之间有较高的相关性，数据可以进行因子分析。

接下来对总体营销内容态度、营销内容类型不同的营销内容态度、营销内容形式不同的营销内容态度、总体营销内容参与、营销内容类型不同的营销内容参与、营销内容形式不同的营销内容参与这几项进行主成分分析。各变量的累计方差贡献率都大于 80%；各变量因子的载荷系数均大于 0.5，故这六个变量的测量量表具有良好的效度。

为了有效测量营销内容展示程度与用户对营销内容的态度和参与程度之间是否存在依存关系，商业内容暴露程度与总体营销内容参与和总体营销内容态度的 p 值小于显著性水平 0.05，故商业内容暴露程度与总体营销内容参与和总体营销内容态度之间都有显著的相关关系。其中，商业内容暴露程度与总体营销内容参与呈现负相关关系，说明商业内容暴露程度越高，用户越不愿意对信息流营销内容进行点赞、评论等互动参与行为；而商业内容暴露程度与总体营销内容态度之间呈现正相关关系，可能是因为商业内容暴露程度越高，越可能出现用户感兴趣的营销内容，故用户针对营销内容的态度越好。

（三）调节效应分析

对收集的数据进行中心化处理和调节效应分析，在线性回归变量的第一层放入人口统计学变量，第二层放入自变量，第三层放入调节变量，第四层放入自变量与调节变量交互项，并进行回归分析，营销内容类型对商业内容暴露程度影响总体营销内容态度的调节效应检验的结果。Sig. 值为 0.32，大于显著性水平 0.05，故营销内容类型对商业内容暴露程度影响营销内容态度的结果无显著的调节效应，用户对娱乐型和实用型的营销内容态度无显著的差异，假设 5 - 3 不成立。

营销内容形式对商业内容暴露程度影响总体营销内容态度的调节效应检验的结果，Sig. 值为 0.006，小于显著性水平，故营销内容类型不同的营销内容态度对总体营销内容态度有显著的调节效应，标准系数为正，用户对于视频营销内容明显比对图文营销内容的态度更好。

营销内容形式对商业内容暴露程度影响总体营销内容参与的调节效应检验的结果，由表中可见，Sig. 值为 0.001，小于显著性水平，故营销内容形式对商业内容暴露程度影响总体营销内容参与的结果有显著的调节效应，标准系数为正数，表明用户对于视频营销内容的参与度明显比对图文营销内容的参与度更高。

通过统计结果验证表明，除假设 5 - 6 之外，其他假设均得到实证结论的支持。

六、展示程度与用户态度负相关

本书通过前期的文献阅读整理总结、问卷的收集与数据处理与分析，最后得出的结论如下：

（1）社会化媒体商业内容展示程度对用户营销内容态度有显著的负向影响。

（2）社会化媒体商业内容展示程度对用户营销内容参与有显著的负向影响。

（3）营销内容类型对社会化媒体商业内容展示程度与微信信息流营销内容态度和参与之间具有显著的调节作用。

（4）营销内容形式对社会化媒体商业内容展示程度与微信信息流营销内容态度间具有显著的调节作用。

基于本书的实证结果来看，社会化媒体商业内容展示程度对用户营销内容态度及营销内容参与均有较显著的负向影响。商业内容展示程度越高，用户对营销内容的态度越差，越不愿意对信息流营销内容进行点赞、评论等互动参与行为。此外，营销内容类型和营销内容形式均对社会化媒体商业内容展示程度与微信信息流营销内容态度之间有显著的调节作用。所以对社会化媒体平台和营销内容主而言，他们应该花费一定的精力来控制不同用户社会化媒体的商业内容展示程度，并能针对不同的用户投放他们偏好的营销内容类型和形式的营销内容。

本书基于上述结论和分析，对社会化媒体平台和营销内容主投放营销内容方面提出了一些建议。一是社会化媒体平台应该通过大数据分析技术和市场调查等手段，收集消费者的喜好，针对不同的消费者合理科学地制定不同的营销内容投放计划，对不同用户的社会化媒体有不同的营销内容投放曝光频率的控制；二是在投放营销内容时，社会化媒体平台应以满足消费者的个性化诉求为原则，提高营销内容投放的精准度，针对不同的用户投放他们偏好的营销内容类型和形式的营销内容；三是社会化媒体平台应监督营销内容提高营销的内容质量，使用户对营销内容有积极的态度以及互动参与行为，从而提升营销内容效果，提高效益。

本章虽得出了一些具有理论和实践意义的结论，但依然存在一些不足之处，需要引起读者注意，并值得在未来的研究中进一步进行讨论。从研究方法上来看，本书主要用问卷调查的方式收集数据并进行分析，但主观测量的方法

（self－report）在题项设置时比较容易受到实验设计者的影响，如果预设答案选项和题项不够完备，可能无法引导受众展现出对营销内容的态度及行为参与的变化，也无法确保所有的答案都是被调查者的真实感受。此外，问卷调查的覆盖范围较小，主要为笔者社会化媒体中的对象，无法采集到使用微信的每一个用户的数据，这可能对最终结果有一定的影响。未来的研究也许可以使用数据挖掘技术，获取微信朋友的信息流营销内容的覆盖率、点击次数、评论、链接点击率和营销内容转换率，从而量化研究对营销内容态度及参与数据分析的结果。从研究内容上来看，本书主要探究的为社会化媒体商业内容展示程度对用户对信息流营销内容的态度及参与的影响，未来可以进一步研究社会化媒体商业内容展示程度对品牌态度的评价、购买意愿及销售转化的问题。

第六章　用户卷入与产品内容的影响

“没有卷入，就没有承诺。”

——史蒂芬·柯维·管理学家

社会化媒体平台，如微博类社会化媒体，具有非权力性、短时效性、低互惠性等非同于传统媒体的特性。这些应用是一种社交应用，更是一种信息传播的媒介。用户志愿转发信息内容的行为，使得微博类社会化媒体能在时效性、灵活性以及延伸性等方面超越传统媒介（Shi 等，2014）。这种内容的转发分享机制实现了微博类社会化媒体的广播功能，促进了平台中社交网络的构建和发展。目前，企业界对社会化媒体在商业推广营销、内容贡献等方面的开发应用处于起步阶段（Kane 等，2014）。研究表明，有 18% 的企业经理认为，社会化媒体对于他们的商业推广产生了重要作用（Kiron 等，2012），企业已经开始将 Twitter、Flickr 等媒体作为一种用户到用户（peer - to - peer）以及目标市场营销的有效手段（Aral 等，2013）。在社会化媒体中，众多的企业在鼓励个体参与企业产品服务互动的推广上，投入了很大的精力和资源（Goh 等，2013）。鉴于社会化媒体中个体自发性联系、获取及广播的显著特点，对于企业而言，如何在社会化媒体有效地提升企业推广的效力是一个特别重要的议题（Zeng 和 Wei，2013）。

营销内容（marketers - generated content）是社会化媒体中企业用户以自身利益为出发点，以激励个体关注和参与为目的所建立的内容（Goh 等，2013）。本书试图从广告侵入性的态度、个体对品牌意识的敏感度以及个体的预期收益三个方面，探究这些因素在社会化媒体环境下对个体对营销内容的认知性和情感性动机的作用，以及对个体信息传播意愿和行为的影响。本书试图解答以下两个问题：首先，个体对于广告的偏见性认知（ad intrusiveness）、个体的预期收益（anticipated rewards）以及个体的品牌关联考量（brand relevance in category）如何综合影响个体对微博媒体中广告类推送内容的动机性认知？其次，个体的认知性和情感性动机如何分别影响个体针对微博媒体中广告类推送内容的转发意愿与行为？为了回答以上两个问题，我们引入了认知性和情感性卷入的概念，并通过心理抗拒理论（psychological reactance theory）、社会交换理论（social exchange theory）等，来解释个体在微博平台上针对企业生成的广告性、推送性内容的志愿性信息中继式传播过程（voluntary information relay processes）。

一、相关理论背景

现有的社会化媒体研究主要关注用户生成内容和分享行为。Shi 等（2014）采用对 Twitter 中内容分享数据的追踪分析的方法，Kane 等（2014）对比分析线上社交网络和线下网络行为的差异特质，Li 等（2012）提出广告内容在微博中的传播机制框架假设，Kiron（2012）等调查针对社会化媒体对企业组织自身业务的影响，Goh 等（2013）实证分析了社会化媒体参与和个体购买的关系，Zeng 等（2013）实证分析了社交节点（social ties）以及用户生成内容之间的关系，赵宇翔等（2012）等通过关键词分析方法提炼出用户生成内容的核心要素，李林容等（2011）探讨了微博内容传播的特性，黄海涛（2012）通过案例分析方法探讨微博环境下广告内容营销模式，金永生等（2011）通过微博营销真实数据建立基于回归方法的短期互动模型。这些研究从不同方面探讨了社会化媒体中信息传播以及营销互动的特征，然而整体而言这些研究忽略了以下三个方面的内容：①缺乏个体层级用户的自发性信息传播过程细节性实证描述，以往的一些社会化媒体信息分享研究主要基于案例数据分析，无法精确地控制相关变量，对于影响个体分享行为的因素之间的影响关系不能准确界定，无法为社会化媒体的商业开发提供基于个体动机的参考（Shi 等，2014）。②以往的个体内容分享行为研究忽略了商业化的背景，认为个体基于帮助他人的动机而分享内容和信息，事实上社会化媒体中个体的分享行为往往受到收益以及个体的身份认同等因素的影响，因此上述研究不能为个体针对营销内容相关行为提供较为准确的预测力（Zeng 和 Wei，2013）。③以往针对社交网络环境下营销研究忽略了广告侵入度，以及个体的品牌意识等对于个体所造成的影响，营销内容作为企业的宣传性内容，不可避免地会受到广告反感和品牌意识等方面对个体的感知行为产生的影响。因而，需要进一步在在线广播的背景上（online broadcasting）探讨广告侵入性、预期收益以及品牌关联等因素对于个体行为的作用机理。为此，本书引入以下一些理论概念，为实证探索提供指导。

（一）认知性卷入与情感性卷入

广告的卷入度是指个体所感知到的广告与其内在的需求、价值以及兴趣的关联程度（Zaichkowsky，1994），是一种对于广告内容引起的个体内在觉醒（arousal）的强度（intensity）、持久度（persistence）以及方向（direction）等方面的度量。有学者基于个体的视角从观众卷入（audience involvement）的角度构建了广告卷入度的四个过程：前关注（preattention）、焦点关注（focal attention）、理解（comprehension）以及细化卷入（elaboration）（Zaichkowsky，1994）。基于个体的卷入度构念将广告视为观众知识和信息的一种来源，并据此推断观众卷入事实上是个体对特定信息所分配的注意力，并根据需求在层次渐进的四个抽象化层级基础上分析特定广告信息。卷入度作为一种动机性构念，取决于个体的价值取向和需求，感知性反应和情绪性反应是广告沟通中关键性评价内容（Holbrook，1978）。

认知性卷入（cognitive involvement）强调个体的信息加工过程，并且描述理想化情形的达成程度（Zaichkowsky，1994）。认知性卷入度量了在功能表现基础下，个体对信息内容和议题的关联度（Park 和 McClung，1986）。情感性卷入（affective involvement）是评估活动所引起的情感性反应，情感性卷入描述的是在情绪反应和审美诉求的基础下，个体对信息内容和议题的关联度（Park 和 Young，1986；Zaichkowsky，1994）。情感性卷入强调个体的感觉和特定的情绪状态，并且被用来描述个体表现出的所有情感（emotion）、情绪（moods）及感受（feelings）（McGuire，1974）。在广告学研究，个体的认知性反应认为中介影响了个体对广告的接受而不是广告内容本身，因为认知性反应产生于个体对广告内容相关度以及重要程度评价的基础上。另外，广告接受以及行为的决定因素，如个体暴露在广告内容时的情绪情感，这类反应以及感受状态基于主体并非基于客体广告内容，不受限于内容客体的好与坏，会对个体的后续行为和响应产生显著的中介影响（Zaichkowsky，1994）。因此，可以推断认知性卷入和情感性卷入是个体在社会化媒体环境下针对营销内容相关行为和感知的重要动机因素。

（二）抗拒理论与广告侵入性

抗拒理论（psychological reactance theory）描述了个体在自由受限的感知条件下的行为反应的心理学理论。抗拒理论假设个体在特定环境和情境下通过抗拒反应建立个体的自由感和控制感（Brehm，1989）。一旦感知到自由的威胁，个体将通过表达反对观点或者抵触行为来恢复个体自由感知。自由对于个体针对特定产品或者服务的消费及关注有两层含义：第一是个体持续性对某产品或者服务的消费或者关注的自由，第二是个体对某产品或者某服务的拒绝的自由（Brehm，

1989）。有研究指出，强制性的选择方案，会导致个体较低的赞同态度（Mazis，1975），这正是因为强制性的选择损害了个体的自由感知，从而引发了抗拒心理。

广告侵入性（ad intrusiveness）被定义为干涉型的中断，因为它导致了个体注意力从原始关注点的转移（Ha，1996）。广告侵入性是造成个体针对广告反感以及广告拒绝行为的主要原因（Bauer 等，1968），因为广告侵入性从一般意义上损害了广告的有效性（Aaker 和 Bruzzone，1985）。研究者同时指出，个体对于广告侵入性的反感主要是广告者不恰当的广告方式和过程而不完全是广告本身（Ducoffe，1995）。广告宣传内容在社会化媒体中的出现引起了个体关注点的转移，从而导致个体对于特定广告的情感体验和后续负面反应。在电子化广告背景下，广告侵入性通过干扰在线用户的主要目标，使得个体重新评估自身的行为，甚至采取避免广告的行为方式。侵入性表现了个体所感知到的广告类内容对于个体目标和价值的违背程度，从而形成一种有别于情感和行为结果的预设立场。因为在微博类社会化媒体中，商业化的营销内容显然有别于个体主要的社交和休闲预期，从而有可能引发个体的反对以及抵触心理。所以，在社会化媒体环境下，有理由推断个体的广告侵入性感知会对个体针对营销内容的后续行为以及意愿产生显著的影响。

（三）社会交换理论与预期收益

社会交换理论（social exchange theory）将人类的社会互动以经济视角进行诠释，社会交换理论认为为了使行为不断出现，酬赏是不可或缺的（Emerson，1976）。社会互动的参与者根据自身对酬劳的估计从而判定关系的吸引力，个体间特定关系的形成和持续依赖于个体所体验到或者期望的酬劳水平（Cropanzano 和 Mitchell，2005）。金钱、商品、特定的机会和邀请作为一种外在的酬劳，在个体对特定行为关系的评判提供了客观标准（Blau，1964）。社会化媒体中个体志愿性质的内容分享行为是一种社会交换过程（Shi 等，2014），社会交换理论在个体心理认知的基础上，反映了个体社会互动行为的本质特点，这一理论为微博类社会化媒体中的个体行为提供了实用的视角。

预期收益（anticipated rewards）是指个体在针对商业性推送内容分享中体验到或者预期得到的经济型外部报酬（Smelser 和 Swedberg，2010）。经济性酬劳是企业鼓励分享行为的有效措施，因为个体会感知到自身的分享行为所带来的经济性酬劳能够满足自身的需求（Kankanhalli 等，2005）。在微博类社会媒体中，商户针对自身产品或者服务的推广内容，经常伴随着诸如礼品赠送、折扣、额外经济酬劳等机会来吸引更多的用户注意并且参与互动（Shimp 和 Andrews，2013）。从社会经济学的角度，个体总是会选择效用最大化的策略。虽然在社会化媒体和虚拟社区的研究中，个体对特定内容的分享（content sharing）行为受到众多动机的影响（Shi 等，2014），商业性信息的分享无疑会在个体收到经济性报酬的时候更容易发生。通过社会交换理论，可以在社会化媒体背景下，对收益设置在营销内容的后续分享行为的影响关系以及作用机理展开调查，从而为新环境下企业营销策略的改进提供参考。

（四）动态交互理论与类别性品牌关联

动态交互理论（dynamic interactive theory）假设个体对于其他个体或者事物的感知由一个涉及持续性交互作用的动态系统组成（Freeman 和 Ambady，2011）。这个过程将个体低等级的感官感知和高等级的社会认知动态地协调起来从而构成个体解释。动态交互理论解释了人们的分类行为及类似性反应活动，描述了人们基于社会认知针对分类的模板式应对方式（Freeman 和 Ambady，2011）。由于个体认知的局限，人们不可能针对每个新的刺激物都产生单一的体验，这会导致认知混乱和信息冗余。因此，个体认知系统依据刺激物的类似特性，将它们归类处理（Murphy，2004）。

有数据表明，2010 年已有 1500 万个商业用户在 Facebook 平台上以营销为目的建立了他们的品牌社区（Goh 等，2013）。品牌在个体的消费认知和决策中扮演了重要的角色。类别性品牌关联（brand relevance in category）度量了特定情形下，品牌这个角色对其决策行为的影响（Fischer 等，2010）。类别性品牌关联以类别的角度度量，而不是基于品牌层级的度量，它假定了关注品牌给个体带来的好处。类别性品牌关联涉及了两层功能，风险削减功能和社会示范功能（Fischer 等，2010）。类别性品牌关联分析了内在的品牌意识在个体感知和决策中的表现，将内在的品牌理论与个体的行为相结合。在社会化媒体的商业推广中，类别性品牌关联涉及了个体对自身风险的认知，以及对于转发活动社会展示效应的预期，测量了品牌对于个体感知行为的整体影响（Fischer 等，2010）。通过对一般意义上品牌的总体影响（BRiC）的测量，有助于我们进一步理解在社会化媒体环境下，个体品牌意识对于营销内容分享和传播行为的作用。

二、假设提出与理论框架

计划行为理论（TPB）以及技术接受模型（TAM）认为，个体的行为主要由个体对于行为的意愿所驱动（Davis 等，1989）。Ajzen 和 Fishbein（1974）对个体间行为的研究表明，意愿对于个体的行为有着显著的预测作用。在电子营销背景下，Pavlou 和 Fygenson（2006）的研究表明了个体在网站上获取产品信息的意愿对于个体实际的行为有着显著的影响作用。此外，在 IT 环境和社会化媒体的内容分享研究中，个体分享的意愿均作为个体分享行为的关键性影响变量（Bock 等，2005；Lee 和 Ma，2012）。这表明，在微博环境下个体针对企业生成的广告性、宣传性内容的意愿对于个体的分享行为有着重要的预测作用。有研究认为，社会化媒体中的个体自发传播行为意愿的驱动因素是因为个体期望通过自身的分享行为去帮助他人解决问题，帮助他人获得新的信息，并借此直接或间接地实现自身相关的目的（Shi 等，2014）。这样的研究忽视了社会化媒体背景下企业和营销者用户重要的角色作用，从而淡化了内容分享中商业化背景的影响。

从广告学和口碑传播的角度来看，先前的研究者从不同的视角展开针对个体的内容分享影响因素研究。一方面，如 Dobele 等（2007）和 Eckler 等（2011）的研究所展示的，个体的情感性觉醒和反应是商业类内容传播的重要影响因素。Lance 等（2006）的研究提出个体针对内容的情绪情感反应是病毒性广告传播获取关注度、提升影响效力的重要因素。Brown 等（2010）的研究则表明娱乐性可以显著地提升广告内容在在线用户中的影响力。另一方面，个体针对商业类内容的应用和传播直接取决于内容本身的信息量以及信息价值（Xu 等，2009）。在 Eckler（2011）等的研究中，个体用户由于内容上带来的优惠以及折扣价值从而触发了内容分享行为。这些研究表明了个体针对商业类内容的传播分享行为主要出于对功利性和娱乐性的考虑。针对这类内容分享显然也暗含了一种基于信誉、关系的利他性动机，因此内容接收者感知到内容本身的有用性和价值有助于内容本身的进一步传播（Lyons 和 Henderson，2005）。

结合以上观点来看，对特定营销内容的心理感知包含了认知性和情感性两个维度（Pierce 等，2003）。认知性卷入是用户功利方面的态度，即对于用户个体的价值表现（Lee 等，2012）。用户对于特定推送信息的认知性卷入度，表现了个体对于特定信息价值表现的认知态度。个体感受到特定推送信息的实用功利价值，有助于提升个体针对该信息的分享行为，因为这有助于他人获得特定的认知性信息，从而解决特定的问题。个体的情感性卷入表明个体依据自身的情感、感受以及本能反应去评判特定对象（Lee 和 Chen，2011；Zaichkowsky，1994）。根据认知情感理论，个体的情感将直接导致个体的特定行为（Frijda 2010）。以往的研究表明，个体的情感性反应不受限于广告内容本身，会对个体的后续行为产生中介性影响。基于个体的认知性和情感性两个认知维度而言，内容本身对于个体需求的契合和匹配对于个体在线感知与行为有着显著的影响（Lee 等，2012），另外，个体的情感性评估被认为是影响个体在线行为的主要影响因素（Van Der Heijden，2002）。在网络环境下，内容的相关度和重要度（认知性卷入）会直接提升个体针对内容的正向行为意愿，而个体特定的情感体验和情绪也影响了个体针对特定目标的认知性态度（Lee，2012）。换句话讲，在信息技术和技术接受的研究中，个体感知的内容功能相关性（提升个体的认知性体验）和娱乐性（提升个体的情感性体验）是个体进行特定目标行为的前提（Venkatesh 和 Bala，2008）。综上，可以推断出在本书的背景下，认知性卷入和情感性卷入对个体在线内容分享存在着正向的促进作用，因此我们假设如下：

假设 6 - 1a：在微博类社会化媒体中，个体的认知性卷入正向影响了其对营销内容的分享意愿。

假设 6 - 1b：在微博类社会化媒体中，个体的情感性卷入正向影响了其对营销内容的分享意愿。

（一）个体特性影响

基于 McElroy 等（2007）针对在线行为个体特性以及认知方式的研究中的定义，个体的特性（traits）表现了个体在思想、感觉和行为上的一般模式以及倾向。近 20 年来，虽然线上用户领域的研究者们对在线环境下个体因素的重要影响展开了大量研究，但对于个体特性在线上环境下的角色作用展开讨论的研究还并不多见。在广告学研究背景下，一个值得重视的个体认知特性假设就是个体针对广告内容的负向认知倾向（Brown 和 Rothschild，1993；Edwards 等，2002）。针对特定人群而言，广告类内容的有效性会大打折扣，并且更容易导致负向的情感和体验（Aaker 和 Bruzzone，1985；Greyser，1973）。而广告侵入性，则测量了个体针对广告内容对自身主要目标干扰所导致的厌烦和反对感知，从而测量了个体在虚拟社区环境下，对于广告性内容的认知特性（Edwards 等，2002）。如前文所述，广告侵入性作为个体认知过程中断的后续性心理反应，有研究设想广告侵入性直接削减了个体对于特定信息的感知有用性（Edwards 等，2002）。从另一个观点来看，广告一直以来容易给个体一种负面的体验（Aaker 和 Bruzzone，1985）。个体对于广告的厌烦和反对，是因为广告的侵入干涉或侵扰了个体对于其认知关注的自由。根据心理抗拒理论的观点，广告侵入性干涉威胁到了个体对其认知过程的控制，削弱了个体的自由感知和控制力。因此可以推断，广告侵入性削弱了个体对于推送信息的赞同态度以及相关动机，所以提出我们假设如下：

假设 6－2a：在微博类社会化媒体中，广告侵入性负向影响了个体对于营销内容的认知性卷入。

假设 6－2b：在微博类社会化媒体中，广告侵入性负向影响了个体对于营销内容的情感性卷入。

基于 Chandon 等（2000）和 Dickingger 等（2008）的研究，针对个体相关特性的另一个假设是个体针对收益和价值的偏好性立场。该假设认为，一部分个体对于可能的经济收益和外部酬劳更加敏感和活跃。因此，针对 MGC 的传播关注报酬设置会对高收益敏感度的个体产生更加积极的作用，而预期收益则测量了个体在营销内容分享中针对收益的特定立场（Bock 等，2005）。有研究表明，人们对于特定目标的态度是由酬劳决定的（Rosenberg，1956）。根据社会交换理论，社会互动的参与者根据酬劳水平判定目标的吸引力（Cropanzano 和 Mitchell，2005）。而外在的预期收益或者体验收益提供了个体对特定社会活动的客观评判标准（Blau，1964）。在微博商业推送的内容中，商户经常提供一些折扣、礼品或者体验机会。而个体会因为这些量化的经济化收益，而评判推送内容的吸引力和有用性。因此我们假设，预期收益提升了个体对于特定内容的认知和情感态度，促进了个体在微博类社会化媒体中的广告推送信息分享行为，我们提出假设如下：

假设 6－3a：在微博类社会化媒体中，预期收益正向影响了个体对于营销内容的认知性卷入。

假设 6-3b：在微博类社会化媒体中，预期收益正向影响了个体对于营销内容的情感性卷入。

（二）品牌影响

从潜在分享者的视角来看，类别性品牌关联描述了个体内心的整体性的品牌意识，并且涉及风险削减和社会示范两个维度（Fischer 等，2010）。从风险削减角度而言，较高的类别性品牌关联度意味着较高的信任水平以及可用性认知（Hsu 和 Lin，2008），有助于提升个体的感知水平，促进个体的分享行为。从信息经济学的角度而言，个体对商品和服务依照获取关键属性信息的难易程度进行分类，而较高的类别性品牌关联，透露了个体在实际产生购买活动前，对于产品和服务的品质鉴别能力（Fischer 等，2010）。从社会示范角度而言，较高的类别性品牌关联意味着个体将特别的产品或者服务及相关内容作为建立自身形象的符号以及标志，并且在这一过程中伴随着社会节点复杂的互动过程（Grubb 和 Grathwohl，1967）。从动态互动理论的角度推断，在个体对产品服务的鉴别导致的分类中，个体更有可能产生模板式的认知和行为。因此，我们提出假设：

假设 6-4a：在微博类社会化媒体中，类别性品牌关联正向影响了个体对于营销内容的认知性卷入。

假设 6-4b：在微博类社会化媒体中，类别性品牌关联正向影响了个体对于营销内容的情感性卷入。

消费者对于特定品牌的评价显然对于企业而言有着巨大的经济意义（Fischer 等，2010），因为品牌本身作为展示产品或服务独特性的一种复杂特征，从而帮助产品或者服务在众多的潜在选择中凸显自身的区分性。事实上，产品以及服务的品牌对于企业获取产品溢价、顾客忠诚以及企业价值方面有着其他因素无法比拟的作用，同时品牌本身也会对其自身相关媒体广告产生重要影响（Agrawal，

1996)。一些研究如 Poncin 等(2009)以及 Yoo(2014)的研究表明,如果个体针对特定品牌存在一定的经历和既定的观点,那么会影响到该品牌相关宣传广告对于该个体的效果,个体针对该品牌的认知和态度对于个体的后续行为决策有着显著的影响作用。

虽然“品牌影响”和“用户参与”被视作在线营销的基础性要素,两者在线上背景下都受到学者们的高度关注,却鲜有研究探讨这两个重要角色之间的相互关系。即便如此,一些研究如 Lovett 等(2013)的工作还表明品牌的特性对个体自发性的线上、线下参与有着非常重要和相关的促进作用。基于 Han 等(2010)的研究,品牌作为一种个体在社交圈子以及其他社交群体中的“社会状态”标志,在社会化媒体背景下会促使个体产生参与营销互动的动机。个体通常不自觉地基于自身的需求和偏好来评估自身收到的信息,而信息相关的品牌背景作为一个重要的符号显然减少了信息对于信息接收者的不确定性。先前的研究如 Wentzel 等(2010)和 Zaichkowsky(1994)的工作表明,针对营销者生成信息的逻辑性和功能性评价会对内容本身的说服性起到帮助作用,而个体的认知性反应与相关广告内容的品牌有着强关联作用(Adaval 和 Wyer Jr,1998;Lovett 等,2013)。因此,我们提出假设如下:

假设 6-5a:在微博类社会化媒体中,个体针对内容相关品牌的态度正向影响了个体对于营销内容的认知性卷入。

个体用户时常面对形形色色的营销内容,并且身处一种不完全信息的情境之下(Kivetz 和 Simonson,2000),因此相关的品牌引起的“先入之见”会影响到个体对这些内容的评判。在微博类服务背景下,当个体用户面对特定的营销内容时,他们之前的与内容品牌相关的经历和记忆会被唤醒,从而导致个体针对内容本身的情感性反应。正如 Beatty 等(1988)的研究所表明的,品牌会引发个体针对其相关产品种类以及相关广告推送内容的情绪性或者心理性依恋。此外,基于个体口碑背景下的研究表明品牌本身会显著影响个体的情绪反应,从而表明个体针对品牌本身的态度可能会直接诱发个体针对营销内容的情感性反应。因此，我们提出假设如下：

假设 6 – 5b：在微博类社会化媒体中，个体针对内容相关品牌的态度正向影响了个体对于营销内容的情感性卷入。

三、产品类型的调节作用

在线上用户和电子商务研究领域中，学者们很早就注意到产品类别对个体使用行为、决策以及任务表现的影响，如 Hassanein 等（2006）的产品类型的社会临场感研究，Klein（1998）的交互式媒体与产品类型的研究，Mudambi 等（2010）的在线评论与产品类别的研究，Weathers（2007）等关于产品表现不确定向感知与产品种类的研究。先前的研究表明，不同产品类别如体验性产品和搜索性产品会针对产品相关的内容评价产生不同的影响（Senecal 和 Nantel，2004）。体验型产品非常倚重于个体的感觉去评判产品的质量，与此相对应，搜索型产品的质量完全可以通过二手的信息来评估（Weathers 等，2007）。对于体验型产品的评价更多地涉及主观属性，表现了个体的独特性审美标准、偏好等，因为这类产品和服务很难在实际的使用和试用前有充分的了解。而针对搜索型产品的质量感知更多地涉及客观的属性，表现了诸如产品价格、质量、性能以及授权等客观属性（Benlian 等，2012）。

一系列的实证研究证实了搜索型/体验型产品分类对于个体广告感知可能存在的相关影响作用，如 Klein（1998）的研究以及 Mudambi 等（2010）的研究。一些研究的观点认为在电子化的背景下，搜索型和体验型产品类型会对个体的感知产生特定的交互性影响，并且相对于体验型产品，个体对于搜索型产品广告内容有着更高的信任倾向。基于之前的研究结果来看，个体针对内容的决策过程很可能受到内容表达侧重性的影响（Mudambi 和 Schuff，2010）。在微博类服务社会化媒体背景下，营销内容较多地被设计为表现产品或服务质量、属性或者其他特征的内容，从而吸引用户的关注，提升用户的参与活跃度（Goh 等，2013）。为了进一步厘清产品类别在本书背景下对营销内容的影响作用，本书假设个体的认知性卷入和情感性卷入与产品类别之间存在着调节性作用，因为不同的产品或者服务类别间存在有区别的信息需求（Mudambi 和 Schuff，2010）。具体来讲，当用户在社交广播社区中接收到营销类内容的时候，他们的关注卷入涉及个体的感受以及情绪状态，同时也涉及个体的信息加工活动以及信息功能对自身需求的匹配状态（Zaichkowsky，1994）。基于个体用户的视角来看，体验型产品涉及个体的主观体验属性，因此体验型相关的营销内容更可能引起个体针对内容的自身感知和主观评价，从而表现了较高层级的情绪性反应过程（Mudambi 和 Schuff，2010）。然而，对于搜索性产品而言，个体针对内容的评判主要基于非主观的参数影响，从而表现了较高层级的认知性反应过程（Weathers 等，2007）。由此，可以推断在搜索性产品背景下，针对内容本身的认知性卷入可能会对个体的参与意愿产生更强的影响作用，而情感性卷入会在体验型产品的内容上可能引起个体更高的内容分享意愿。综上，提出假设如下：

假设 6a：在微博类社会化媒体中，产品或服务类型调节影响个体认知性卷入和个体营销内容分享意愿的作用关系，相对于体验型产品而言，认知性卷入会在搜索型产品背景下对于个体的 MGC 分享意愿产生更高的影响作用。

假设 6b：在微博类社会化媒体中，产品或服务类型调节影响个体情感性卷入和个体营销内容分享意愿的作用关系，相对于搜索型产品而言，情感性卷入会在体验型产品背景下对于个体的 MGC 分享意愿产生更高的影响作用。

四、实验研究方法介绍

（一）研究量表

为了评估假设的预期关系，本研究基于已有的研究建立了一份调查量表。涉及的构念变量充分采用经过实证验证的量表测量，并在本研究的背景下做出适当调整。本研究中的广告侵入性变量采用了 Edwards 等（2002）针对网络广告的侵入性的测度量表。预期收益采用了 Bock 等（2005）在测度个体知识分享行为中的测度量表。类别性品牌关联（BRiC）采用了 Fischer 等（2010）在品牌意识对个体的决策影响的研究中所开发的量表。针对微博中商业推送广告的认知性卷入和情感性卷入采用了 Zaichkowsky（1994）和 Bishop 等（2010）的研究中个体针对广告卷入度的测度量表。针对推送内容的分享转发意愿构念改编自 Ajzen 等（1974）和 Bock 等（2005）对个体分享行为的测度量表。成型的测量问卷经过 4 位线上用户与电子商务方向的研究生以及 2 位领域内专家进行了填制及修改，确定了调查量表和调查流程的规范性，对问卷问题表述有效度地进行了改进。

（二）研究刺激

基于以往研究，本书在选择产品和服务类型（搜索型和体验型）上遵守以下两条标准：①本书选择的特性产品种类应该在微博类服务等社会化媒体中存在着相当数量的真实案例背景，从而可以让研究参与个体建立真实情境的参照。②本书选择搜索型产品和体验型产品的分类选择基于以往的研究基础，虽然搜索型/体验型产品的分类在研究中被广泛采用（Nelson，1970），针对此分类名单之外的争议也一直存在，尤其是在线上环境背景下（Weathers 等，2007）。因此，本书需要选择具有基于线上用户和营销研究中具有代表性的产品案例，并且产品案例需要符合本书社会化媒体的预设背景。

本书选择手机作为典型的搜索型产品出于以下四点考虑：①特定手机的关键参数和质量可以与其他同类型产品直接比较。②手机的相关信息可以在个体使用和试用手机之前通过一些搜索手段较详尽地获得。③个体对于特定手机的评估并非大部分取决于个体主观感觉。④在线上用户领域的研究中，手机被认为是搜索型产品的代表性产品之一（Mudambi 和 Schuff，2010）。本书选择游戏作为体验型产品的代表，首先，因为是在参与产品试用以及互动之前，个体很难获取产品质量的信息。其次，一个游戏的关键属性偏向主观难以与其他竞争者直接比较，个体倾向于自身的第一手经验来评估特定的游戏。最后，在线上用户研究中，如 Mudambi 等（2010）和 Zhu 等（2006）的研究中，游戏被认为是最具有代表性的体验型产品之一。为了控制潜在偏差，本书中的搜索型产品和体验型产品来源于同一个品牌。经过初期的筛选和预测环节，本书选择了来自小米科技（Xiaomi Tech）两份基于微博传播背景的营销内容。作为一个发展迅速的企业品牌，在网上拥有大量的支持者以及粉丝用户，同时也存在大量针对该品牌的批评和质疑，这样一个背景有助于提升构念测量的区分性。

（三）预实验

依照改进后的问卷，在实验室面对面环境下，进行了一项由 30 人参与的预研究。参与预实验的个体均有微博类应用的经验，对于营销内容有着一定的认识。通过 36 份有效数据，对问卷中的主要构念进行了测量，对问题项的表述方式以及效度进行了检验。根据收集的实验参与者建议与预实验数据分析结果，修订了类别型品牌关联的问题项表述（预实验中使用的是第二人称），将问卷问题项统一为第一人称。删除了问题项因子载荷较低的 3 个广告侵入性变量（强迫的—forced，侵害性的—invasive，冒失的—obtrusive）题项。同时，在问卷初始设置了问卷说明，表明了研究旨在了解消费者在微博等社会化媒体中对于企业用户生成的广告类内容的相关认知行为，声明了所有回收问卷均会匿名处理，保证个体的隐私信息不被泄露。通过对回收数据进行检验分析，包括构念相关检验（correlations）、因子载荷（0.798～0.983）、组合信度（0.910～0.982）、提炼方差（0.731～0.930）等参数，结果表明，本书构念量表符合以前研究定制的标准。

（四）样本及数据收集

鉴于年轻人作为微博类社会化媒体的主要用户（Kwak 等，2010），本研究在数个大学校园招募具有微博应用经验的调查参与者。所有的研究参与者均被告知所有收集数据均会进行匿名处理，并且仅被用于实验。参与者被随机地分配至两个营销内容背景之一，并花费 5 分钟的浏览步骤熟悉内容。在浏览步骤完成之后，参与者们被要求完成回忆（recall）环节，描述内容的细节信息。

研究调查问卷按照现场发放、现场填写、现场回收的方式进行，共发放纸质问卷 560 份，回收问卷 537 份，问卷回收率为 95.89%。基于预实验的填写经验，所有填写时间在 8 分钟以内的问卷均被直接视为无效问卷。每一个完成问卷的个体通过筛除未完成填制和问题项有过多空缺的问卷，此外还排除了呈特定填制规律（如题项勾选呈一字形、之字形等特定形态）的问卷。共获取有效问卷 481 份，有效问卷回收率为 85.89%。为了保证问卷研究的有效度，我们通过采用普通奖励和抽奖机会相结合的方式来降低研究偏差（Wang 和 Benbasat，2009）。有效完成问卷的个体，除获得价值 5 元的小礼物以外，还将有机会获取 50 元的手机充值名额（4% 的获奖概率）。本书中，有效问卷部分参与者相关信息汇总结果如表 6－1 所示。

表 6-1 实验参与者统计信息

变量	项	频数	占比（%）
性别	男	287	58.5
	女	194	41.5
年龄	20 岁以下	180	37.4
	20~25 岁	277	57.6
	25~30 岁	17	3.5
	30 岁以上	7	1.5
职业	学生	452	93.1
	老师	8	3.4
	职员	5	0
	其他	16	3.4
受教育程度	大专	12	2.5
	本科	399	83.0
	研究生	56	11.6
	其他	14	2.9
微博经验（年）	0~1	45	9.4
	1~3	186	38.7
	3~6	195	40.5
	6~	55	11.4
微博使用频率（次/周）	1~3	237	49.3
	3~5	169	35.1
	5~10	70	14.6
	10~	5	1.0

五、基于实证数据的验证分析

（一）测量模型

偏最小二乘法测量模型通过检测研究量表的聚集效度（convergent validity）和区分效度（discriminant validity），来验证模型的有效性。在 PLS 方法中，主要通过检测问题项因子载荷、组合信度（composite reliability）以及量表的平均提炼方差来检测研究量表的聚集效度，通过相关构念之间的相关性数据与构念自身的平均提炼方差的平方根的对比来检验研究量表的区分效度。

所有问题项的因子载荷基本在 0.7 之上，表明本书中量表与所测变量之间存在统计显著性。研究量表的组合信度达到了 0.7 的研究标准。对于一般探索性研究，测量模型的 Cronbach' α 系数在 0.6 以上，表示可信度较高，本书量表均大于 0.7。量表的平均提炼方差均大于 0.5 的实证研究变量平均提炼方差的标准，从而表明本书问卷测量具有较好的可靠性。通过以上数值的检测分析，验证了测量模型的聚集效度。此外，区分效度是指在测量模型中，不同变量之间区别程度显著。基于测量模型的结果来看，所有变量的 AVE 平方根大于该变量与其他变量的相关系数（通过测量模型的区分效度结果来评判变量平均提炼方差平方根与其和其他变量间的相关性结果），这说明本书的变量之间具有较好的区分效度。

（二）共同方法偏差

在一致性动机和社会期许等因素的影响下，本书的实证数据可能会受到共同方法偏差的影响（Podsakoff 等，2003）。在调整题项词序、设置相反问题项、提供奖励等相关补救措施的基础上，本书通过 Harman 单因素检验以及加载共同方法偏差公因子检测两个方法来评估共同方法偏差对实证结果的影响。Harman 单因素检测包含了本书测量模型的所有构念，共析出特征值大于 1 的公因子 9 个，其中首要因素特征值为 19.521，解释变异量为 26.380%，表明本书不存在一个较大的公因子来解释大多数模型变异量，因此本书通过 Harman 单因素检验。由于本书采用偏最小二乘法来验证测量模型和结构模型，因此在 Liang 等（2007）研究的基础上引入共同方法偏差潜因子并加载所有变量来检验偏差对整体模型的影响。结果表明，本书变量平均的实质解释变异量为 0.674，平均的方法解释变异量为 0.007，方法偏差的影响比例为 1.03%，29 个方法因子载荷中共有 23 个在 95% 置信水平上不显著。综上，可以推断共同方法偏差没有对本书的实证结果产生显著影响。

（三）结果检验

在确定了问卷设置和测量模型的有效性后，为了验证研究模型对于个体广告分享意愿和行为的解释力，本书采用 Smart PLS 工具验证了本研究的结构模型。结果发现，除了性别因素以外（$\beta = 0.077$，$p < 0.05$），控制变量年龄（$\beta = -0.017$，$p > 0.05$）、受教育水平（$\beta = 0.015$，$p > 0.05$）、职业（$\beta = -0.056$，$p > 0.05$）、微博使用经验（$\beta = 0.024$，$p > 0.05$）、微博使用频率（$\beta = 0.022$，$p > 0.05$）等控制变量对个体微博中广告分享意愿的影响均不显著。

实证分析结果表明，个体针对微博内企业推广的广告内容的认知性卷入（$\beta = 0.263$，$p < 0.01$）和情感性卷入（$\beta = 0.628$，$p < 0.01$）对于个体的营销内容分享意愿有着显著的影响作用，因此假设 6－1a 和假设 6－1b 通过检验。此外，结构模型分析确定了广告侵入性对于认知性卷入（$\beta = -0.083$，$p < 0.05$）和情感性卷入（$\beta = -0.203$，$p < 0.01$）有着显著影响关系，并且表明广告侵入性对于个体的情感性反应有着更为负面的影响，因此假设 6－2a 和假设 6－2b 通过检验。此外，实证分析结果表明，个体针对微博中营销内容分享行为的预期收益是个体针对此类内容的情感性卷入（$\beta = 0.199$，$p < 0.01$）的重要预测前因变量，然而，与本书的假设相反，期望收益对于认知性卷入（$\beta = -0.007$，$p > 0.05$）影响关系并不显著，因此假设 6－3a 没有通过检验，实证数据分析结果支持假设 6－3b。此外，研究结果表明，类别性品牌关联对于个体微博中广告性内容的认知性卷入（$\beta = 0.059$，$p > 0.05$）影响并不显著，然而，个体的类别性品牌关联对于个体的情感性卷入（$\beta = 0.100$，$p < 0.01$）有着显著的影响作用，因此假设 6－4a 未能通过检验，而假设 6－4b 通过检验。最后，实证分析表明个体针对内容相关的品牌态度对于个体的认知性卷入（$\beta = 0.433$，$p < 0.01$）和情感性卷入（$\beta = 0.106$，$p < 0.01$）均有重要的正向影响作用，并且表明品牌态度对于个体的认知性卷入有相对更强的影响力，因此假设 6－5a 和假设 6－5b 通过检验。

本书共计 10 个研究假设，其中 8 个假设在 99% 的置信区间通过检验，1 个假设在 95% 的置信区间通过检验。一个假设由于与预期呈相反的作用关系，因此未能通过假设检验。结果表明，在微博服务社交广播背景下，本书对于个体针对营销内容的分享意愿有着 58.7% 的解释力，并且本书对于个体认知性卷入有 32.2% 的解释力，对于个体的情感性卷入有 55.4% 的解释力，表明本书对于个体营销内容分享意愿有较好的解释效力。

在本章中，为了进一步检验和评估认知性卷入和情感性卷入对于个体营销内容分享意愿的中介性影响角色作用，我们采用了 Soble（1982）和 Benlian 等（2012）的研究以及 Sobel 双模型检验方法。第一个模型包含广告侵入性、预期收益、类别性品牌关联以及品牌态度等营销内容相关的广告类因素，和认知性卷入、情感性卷入两个中介变量。第二个模型包含广告侵入性、预期收益、类别性品牌关联以及品牌态度等营销内容的关联属性以及用户个体的营销内容分享意愿。基于 Sobel 双模型的检验结果表明，广告侵入性对于个体用户营销内容分享意愿的影响显著地被个体的情感性卷入所中介（Sobel = 8.324，$p < 0.01$），并同时显著地被个体的认知性卷入（Sobel = 2.073，$p < 0.05$）所中介。并且在预期收益对于个体用户营销内容分享意愿的影响作用上，个体用户的情感性卷入也产生显著的中介作用（Sobel = 2.992，$p < 0.01$）。然而认知性卷入的中介作用并不显著（Sobel = 0.227，$p > 0.1$）。结果表明，类别性品牌关联对于个体营销内容分享意愿的影响显著地被个体的情感性卷入所中介影响（Sobel = 2.404，$p < 0.05$），而认知性卷入的中介作用并不显著（Sobel = 0.597，$p > 0.1$）。此外，Sobel 检验的结果表明，个体针对内容相关品牌的态度在个体 MGC 分享意愿作用的同时，显著性地被个体的情感性卷入（Sobel = 3.310，$p < 0.01$）和认知性卷入（Sobel = 4.717，$p < 0.01$）所中介。总结以上结果可见，假设 6 - 2a、假设 6 - 2b、假设 6 - 3b、假设 6 - 4b、假设 6 - 5a 以及假设 6 - 5b 再次通过检验，而假设 6 - 3a 以及假设 6 - 4a 未能通过检验。

（四）产品类型的调节作用

为了测量产品类别的调节作用，基于 Chin 等（2003）的乘积方法计算产品类别的交互变量，并展开5个模型的层级分析方法。在5个模型之中，模型1包含所有的控制变量。模型2中认知性卷入和情感性卷入被代入模型分析。结果表明，个体的认知性卷入和情感性卷入使得模型针对个体MGC分享意愿的解释力从（R^2）12.5%提升至54.9%（$f^2=0.940$），意味着这两个因素可以解释相当部分个体的营销内容分享意愿。在模型3中产品类别被引入模型，产品类别对模型的解释力R^2有一定的提升作用（$\Delta R^2=0.017$，$f^2=0.039$）。在模型4和模型5中引入了认知性卷入和情感性卷入的调节作用来评估产品种类的影响。结果表明认知性卷入调节作用变量对于个体分享意愿的影响路径是负向且显著的，路径系数为=0.235（$t=2.603$，$p<0.01$），而情感性卷入调节变量对于个体分享意愿的影响路径是正向却并不显著，路径系数为0.083（$t=0.843$，$p>0.01$）。产品种类在个体认知性卷入和个体MGC分享意愿关系上的调节作用使得模型的解释力（R^2）从56.6%提升至59.2%（$\Delta R^2=0.025$，$f^2=0.063$），从而表明产品类别在这一关系上产生了显著的调节性影响（Chin等，2003）。

无论是在搜索型产品还是在体验型产品背景下，认知性卷入均对个体的分享意愿产生积极的影响作用，然而相对于体验型产品背景而言，认知性卷入对于微博用户的营销内容分享意愿的影响作用在搜索型产品背景下要更强一些，从而证实了产品种类在个体分享决策中的调节性影响角色作用。此外，情感性卷入同样在搜索型和体验型产品背景下表现出重要的影响作用。虽然调节作用分析从统计学意义上来看并不显著，但是在调节作用的趋势上还是和预期保持了一致：在体验型产品背景下，情感性卷入对于个体分享意愿的影响要更高一些。综合以上结果来看，假设6-6a通过检验，而假设6-6b未能得到支持。

在研究控制变量的检验中，性别因素对于个体微博中广告性内容的转发行为具有显著的影响作用。一直以来，性别因素对于IT采纳和行为的影响一直是一个有趣的话题。一些研究表明相对男性而言，女性在电脑自我效能（self-efficacy）方面较为薄弱（Trauth和Howcroft，2006），另一些研究表明女性和男性在互联网上的关注点方面存在差异（Weiser，2000）。女性倾向于在网络应用中寻找产品和服务的信息，而男性则倾向于阅读时政、体育信息、玩游戏以及财务应用，同时在使用比如博客等服务的同时也有着不同的偏好（Chai 等，2011）。本书针对控制变量性别影响的分析结果可能的解释：在微博应用中，女性相对于男性个体而言，由于对消费类信息感受可能更加敏感、对分享内容方面的社会示范和帮助他人获取信息的心理倾向要高于男性用户。

假设 6－5a 未能通过检验的可能解释为，一般微博服务中营销内容设定的抽奖机会以及其他奖励获取的概率较小，从理性效用角度分析，实际收益低下（获得收益的概率较低）。此外由于大多数的营销内容都附带抽奖机会设置，鼓励大家点击以及转发，这样可能会给个体造成一种刻板印象，即用收益这个幌子来蛊惑大家转发和点击的内容本身的重要性可能较低（容易产生垃圾信息和兜售信息的联想）。与企业的预期相反，这样的报酬设置无益于个体对于企业推送内容认知性动机（Eisenberger 等，1999）。虽然企业在微博中为了推广自身的特定内容而设置了一些诸如特定抽奖机会、点数、礼品等报酬作为个体微博分享的激励因素，这类内容促进了个体的情感性认知（通过抽奖类的报酬设置，个体可以免费一试手气，从而提升内容的趣味性），与此同时，这却无助于提升个体对于这些内容的重要性和相关性的评估态度。

六、用户卷入与产品类别的联动分析

在线上用户和营销领域研究中，一个重要的议题就是在线系统中信息内容在个体间的传播过程（Shi 等，2014）。众多的企业在社会化媒体中针对自身产品、服务、品牌的宣传中投入了大量资源，却鲜有研究能够从实证细节的角度（Goh

等，2013）探讨个体针对企业生成的广告类、宣传类内容分享行为的内在动机以及相关影响因素。本书通过实证调查分析了广告侵入性、预期收益、类别性品牌关联、认知性卷入、情感性卷入等因素之间的相互关系，并且分析了认知性卷入和情感性卷入对于个体在微博中针对企业生成的广告性内容分享意愿以及行为的影响。本书发现，相对于认知性卷入而言，个体的情感性卷入对于个体在微博中转发企业生成的内容有着更大的影响和预测效应。这样一个结果与 Frijda（2010）的研究是一致的，即个体的情感是个体行为和动机的关键性影响因素，表明了个体在微博中对于企业推送的广告性内容的转发分享行为更有可能受到个体情感性认知卷入度动机的影响。本书的实证分析表明，个体对于广告侵入性的感知会显著削减个体对微博中企业生成内容态度认知，并且会更可能地导致较低的情感性卷入度。本书的结论与 Aaker 和 Bruzzone（1985）的研究保持了一致，即广告性内容的侵入感偏见，会削减广告本身的效力。虽然期望收益虽然会提升个体的情感性卷入度，同时也削减了个体对于企业生成内容的认知性卷入。此外，实证结果进一步印证了 Eisenberger 和 Cameron（1996）的研究，即在高限制（high restricted）、易避免（easy avoidable）的情境中，收益报酬设置有可能不会导致正向的预期后果，然而从情感性动机方面来看，抽奖类收益设置依然有助于提升内容的趣味性，从而正向影响个体的参与动机。本书同时表明，个体内在的品牌意识（类别性品牌关联）对于个体的认知性卷入和情感性卷入均有显著的正向影响关系。类别性品牌关联涉及个体的社会示范需求并且类别性品牌关联对于个体的决策会产生重要作用，本书的结果表明个体的类别性品牌关联与个体在微博中针对企业生成内容的感知和行为有着显著性的关联作用，与 Fischer 等（2010）的研究保持了一致。

通过本书在社会化媒体背景下个体广告推送内容转发认知和行为的理论模型，以及实证数据的结构方程分析，有助于在以下三个方面对线上用户和营销学研究提供理论贡献。首先，通过系统的分析在电子商务背景下的个体广告分享行为，我们扩展了针对社会化媒体中个体内容分享与广告推送研究的界限。虽然已有的研究关注于社会化媒体和虚拟社区中个体的内容分享行为，本书建立并试图验证一个针对企业生成的广告性内容的个体转发推送行为的研究模型。其次，社会化媒体促进了信息在社会互动中的扩散行为，本书通过引入心理抗拒理论、社会交换理论以及动态交互理论等多个理论，在认知卷入度和情感卷入度两层面考虑对个体信息内容分享行为的影响。每一个理论都有着自身的主旨，没有研究从可能的协同作用以及统一量表的角度来综合考虑几个因素对个体认知的影响。本书应用这些理论，试图整合出影响个体感知和转发行为的主要影响变量，并且考虑理论间的彼此联系影响。最后，从已有的 IS 研究的文献收集中，虽然较多的研究着眼于虚拟性社区的志愿性信息广播，却较少有实证性研究着眼于微观层级的细节性资料（Shi 等，2014）。本书通过实证的实验数据收集以及基于行为理论基础上的概念模型，从个体层级的认知和情感两个维度来了解和解释了这一信息志愿性传播意愿和行为的影响过程。

如何激励社交网络用户在社交圈中分享转发企业自身的宣传性内容？这个议题对于期望在社会化媒体中发挥更大影响力的企业具有重要的现实意义（Shi 等，2014），本书的实证分析结果在管理应用方面给出了以下一些启示：首先，在微博类社会化媒体环境中，以提升个体间转发行为为目标的企业推送内容应该考虑女性个体的认知习惯和需求。本书结果表明，女性个体由于兴趣（更关注于产品及服务购买相关的信息内容）和行为习惯（个体间的信息交流和沟通分享行为）等方面的特质，在企业生成的广告性内容的转发行为方面要比男性个体更高一些。其次，企业在设计社会化媒体中的宣传内容时，应多考虑情感性卷入认知习惯的影响，在内容上偏重于感性、美学、亲情等情感情绪方面，这样有利于内容的进一步传播。再次，在社会化媒体中，除了选择广告负向认知较低的个体以外，在推送内容的形式以及方式方面也应该选择侵入度较小的方案，避免无区别性和针对性的推广，从而降低个体的广告侵入感，提升内容的传播度。又次，在社会化媒体中企业生成内容传播报酬的设置上，应该按照不同的宣传目的，虽然收益的设置提升了个体对于内容的情感性动机，同时却无助于个体提升对于内容的认知性反应动机，不能提升个体对于内容相关性和重要性判断。最后，企业应该培养个体针对自身品牌的关联度认知，并且对于有较强社会示范倾向和风险削减倾向的个体加大关注，本书的实证结果表明这部分个体对于企业生成的内容有着更高的认知性动机和情感性动机。

作为一个首先探索企业生成的内容在社交广播媒体中传播影响机理的尝试，本书同时存在着一些局限和不足，为后续研究的开展提供了启发：首先，问卷调查研究单一地区的样本选取方式，并选择以微博作为研究单一的背景，虽然有利于控制研究的内部信度，却也同时在一定程度上限制了本书结果在社会化媒体中的一般性推广意义。其次，本书采用问卷方法以自我报告的形式收集数据，如果能在研究中结合微博企业生成的广告性、推广性内容的分享行为的实际数据，则会进一步提升研究结论对社会化媒体中内容扩散的真实状况的预测力和解释力。最后，由于本书对于个体动机因素的侧重，在研究模型中没有包含微博内容的相关变量（例如，企业微博内容的语言倾向、图文模式、推送方式等），以及用户相关变量（例如，微博用户的性格特质、用户个体间的联结程度、用户自身的联结数量等因素）。在后续工作中，我们可以在实证模型和计量模型中引入相关变量，进一步提升模型的解释力。

第七章　营销内容与面孔感知

“脸是思想的镜子，眼睛无言，但会说出内心的秘密。”

——圣杰罗姆

经济学研究中一个颇有争议的研究主题为“美容溢价”，即看起来收入高于平均水平的个体比收入低于平均水平的工人看起来更好看。这类结果表明基于面部属性的感知对于众多的经济活动而言非常重要。然而，很少有研究对面部特征在社会化媒体背景下的营销影响展开探讨。在信息快速流通和物质科技飞速发展的城市生活中，我们每天都会接触形形色色的人，每个人的形象都会影响我们的感知和决策。面孔作为人际交往过程中最直接的信息载体起着很重要的作用。比如“美的就是好的”告诉我们，一张美丽的面孔往往让我们认为这个人是友好的、热诚的、聪慧的（Wang Tingting 等，2015）。司法审判中，面孔成熟度的差别甚至有可能影响到被告与原告双方的裁决结果。竞选过程中相对成熟的面孔的差异感受会产生显著的相关作用；在工作环境中，长相更好的能在众人之中脱颖而出，并拥有更多的机会。在越来越多的生活场景中，面孔特征在一定程度上会对个体行为产生刺激，因为人们会通过观察他人面孔进而对其人格特质进行推断，即面孔特质推理。通过面孔获得的信息，会影响我们做出后续的行为。在判断与决策过程中，情感起着重要的线索作用，甚至情感可以直接决定决策。所以，一张面孔传递的信息通过影响个体的即时感知对其判断决策产生作用。

近年来，逐渐出现了对面孔刺激在不同行业领域中的应用上做出的研究，比如司法审判、预测竞选结果等。随着互联网技术的发展，人脸的刺激逐渐渗透应用到线上环境。例如，社会化媒体背景下，营销者账户的头像展示成为展示企业形象、加强用户与企业互动的重要工具，从传统的面对面人工服务到电话语音服务，发展到如今的在线智能客服系统无疑让企业减轻客服人员的作业强度与压力，也让企业与用户的沟通在突破空间与时间的限制下更加方便快捷。但是顾客满意度感知依然有很大的提升空间，很多学者通过研究认为在服务质量影响的诸多因素中，作用最大的是用户的信任。本章拟探究在社会化媒体背景下的面部感知是否会对营销内容的评价产生显著影响。

一、面孔特征

面孔可信度是指观察者通过对他人面部结构特征的感知，判断其值得信任的程度。研究结果显示，影响面孔可信度的物理因素有：眉毛内角弯度、颧骨宽窄、下巴深浅和鼻骨高低四种面部特征（Todorov Alexander 等，2008）以及面孔典型特征程度等（Sofer Carmel 等，2015）。而且，个体对于面孔可信度的判断也具有高度的一致性（Nicholas 等，2013）。在社会决策过程中，面孔作为个人最直接和最明显的信息传递载体，在很大程度上决定了个体对陌生人的初始信任水平的衡量。在对后续交往行为的影响中，面孔信任度表现出具有预测作用，一般来说，面孔信任度越大的陌生人，个体对其表现出的信任行为倾向越高。由此我们可以得出，面孔信任度不仅可以为一段关系的建立提供初始信任水平，信任度高的面孔还有助于后续信任关系的延续。

面孔吸引力是指观察者通过对面孔而产生的美的感知和判断，一般来说，吸引力高的面孔能使他人产生积极情绪，感到舒适，并有进一步接触的意愿（史新广，2007）。而且，即使在不同的文化背景下，个体对于吸引力这一维度的判断和感知并没有我们想当然认为的产生大的分歧，相反，它往往具有显著的一致性（Coetzee 等，2014）。面孔的物理特性是个体对于面孔吸引力的判断的主要依据，常见的面孔物理特性有面孔均态、面部对称、性别二态性、皮肤状态等（Pazd 等，2016）。有研究认为，平均化的合成面孔比原面孔的吸引力程度高（Langlois，1990），面孔对称性越高，吸引力也越高（马华维等，2007）。面孔吸引力对社会决策的影响也渐渐在研究中得到证实。例如，在司法审判过程中存在着面孔吸引力的仁慈效应，对面孔吸引力高的被告定罪的可能性更低，或者对他们的惩罚会更轻（Efran 等，1977）。同样，在选举时，面孔吸引力大的候选者被认为能够获得更多的支持（Chen Fangfang 等，2014）。

二、面孔的线上影响

电子商务凭借其便捷、灵活的特点迅速地发展起来，占据自己的销售市场，但也由于其本身虚拟性的特点，使其无法完全取代线下实体店的经营模式。线上、线下两者相比较而言，缺少了当面沟通的电子交易模式也在一定程度上制约着电子商务的发展，因为在线下面对面的沟通过程中，消费者更容易付出信任和收获温暖。也基于这一点，在线上交易模式中，店铺、企业等卖方在网站页面的视觉设计上不断地追求改进，希望能在消费者浏览的第一时间激发他们购物过程中的积极情绪，从而做出购买的决策。在诸多网页设计元素中，大量学者产生了对在线面孔因素的影响探究的兴趣。

Cry 等（2009）通过问卷、访谈、眼动实验等多重分析方法来研究人类面孔照片出现在网页上时对用户的刺激作用（Cyr，2009），结果发现界面中人类面孔的加入能够增加用户感受到的社区意识，能够吸引用户的注意力（Donath Judith，2001），激发用户的情感反应（Riegelsberger，2003），在提升美的感知的同时，更好地满足用户情感方面的需求（Park，2005）。还有学者在对租房平台的研究中发现，提供房主照片对租客决定是否租房的影响很大，甚至房主展示的照片的可信度与租客愿意支付的租金以及被选择的可能性成正比（Ert 等，2016）。

本章在已有的面部结构与感知关系以及面孔刺激产生和作用机制文献的基础上，探究营销账户面孔特征如何会对营销内容的用户感知及满意产生影响。用户对面孔特征的感知会在很大程度上影响用户对该品牌或者企业形象的认识。从而补充目前针对营销账户的头像选择营销的研究的不足，本章分析不同情境下面孔特征对营销内容感知的影响，希望能为社会化媒体背景下用户内容满意提升方面提供参考，同时为营销者设计选择头像刺激方案提供借鉴并提升用户体验。

三、面孔影响的实证设计

（一）研究刺激

本书的场景由头像面孔图片和营销内容两方面构成。在头像面孔的实验材料选择上，采用 Facegen Modeller 程序 3.1 版本软件。该软件程序可以实现系统随机人脸，并且生成的面孔可以符合预先设置的基本特征条件，基本特征包括人种、性别、年龄、表情和面部对称性等，通过对这些基本特征的设置，可以减少对实验结果的外因干预的影响。在本实验中，选择人种为亚裔人群，年龄设定为 30 岁左右，表情和对称均为系统默认参数，最终生成面孔吸引力和面孔可信度高低以及不同性别的8张人脸头像。营销内容场景主要分为营销内容感知高和低两个方面，质量好表现为顾客具有较好的评价，并且愿意进行互动参与，而质量差表现为用户对该营销内容的评价较低，参与的意愿较低。

（二）问卷设计

基于研究目的，共发放两份问卷分别用来探究面孔吸引力和面孔可信度对用户内容感知的影响。每份问卷主要由两部分组成。首先是场景的感知，由于现实中营销用户通常采用企业 Logo 作为头像，因此个体生活中没有接受过来自真实面孔作为头像的客服沟通的刺激，也就是说，场景是模拟采用真实人脸的客服咨询过程，为了让被试接受刺激，更真实地完成问卷。数据收集主要通过线上的方式进行，渠道包括线上社交平台招募。其次是问卷题目，题项可以分为两个部分：第一部分是被试的基本信息，包括身份、年龄、性别、网购频率等，主要为了分析基本人口统计量在用户感知评价中的影响；第二部分是基于最终构建结构方程模型的目的，在阅读文献的基础上形成面孔吸引力、面孔可信度、内容感知和参与意愿四个方面，每个方面由3～4个题项构成。

（三）数据分析

通过对样本结构进行分析可以发现，在回收的面孔可信度探究的198份答卷中，网购频率和网购咨询频率为零的人数分别为2人和6人，面孔吸引力探究的214份答卷中，网购频率和网购咨询频率为零的共有10人。后项对于性别这一影响因素的分析有待进一步证实。在年龄分布结构中，18～28岁的样本群体比例最大，分别为78.5%和85%，18～38岁的占比都超过90%，这也符合网络购物群体的年龄结构；在网购频率信息统计中，每3个月网购6～15次的最多，分别占比56.6%和47.2%。在所有进行网购的群体中，注意到社会化媒体背景下营销账户头像个体较多，说明大多数人的线上购买，都会受到社会化媒体中营销内容的影响，因此，提高营销者账户头像设置的途径具有较好的实践价值。

通过使用 SPSS 对样本数据进行可靠性分析，总计 190 条记录，问卷整体 Cronbach's Alpha >0.8，问卷内部各个场景的系数均大于 0.8，说明问卷有较好的可信度和稳定性，可以用于统计建模研究。通过使用 SPSS 对样本数据进行效度分析，根据分析结果可知，整体 KMO 值 >0.8，Bartlett 的球形度检验显著性概率 p 值接近 0，达到显著水平，表明该量表效度较好。

四、面孔对用户内容感知的影响

（一）信任度的影响

利用 SPSS 进行独立样本 T 检验，探究面孔刺激对于不同性别是否有不同的影响。分不同的信息咨询场景进行讨论，在接受面孔可信度高和低的刺激之后，分析女性和男性在总体满意度上的情况。即在营销内容感知和面孔可信度相同的情况下，男性和女性的满意度感知没有显著性差别。通过 SPSS 进行配对样本 T 检验，验证面孔吸引力高或低的营销账户面孔刺激是否会让被试在同样的咨询质量满意度感知发生改变。即不论营销内容感知高低如何，客服头像面孔可信度的刺激会对参与的意愿产生影响，具体表现为，可信度高的参与意愿高于可信度低的满意度的群组。根据以上分析结果，证明了面孔可信度的高低会对总体满意度有显著影响。

本章通过使用 AMOS 构建内容感知、面孔可信度及参与意愿三个测量指标构成结构方程模型来研究在内容感知和面孔可信度两方面对用户参与的影响情况，模型中每个测量变量相应的题项构成，对提出的假设作用路径进行验证性分析。

分析结果表明，CMIN/DF = 1.705 < 2，GFI、CFI、NFI、PNFI 都大于 0.9，RMSEA 虽然大于 0.05 但是未达到 0.08，RMR 虽然超过 0.05，但是也未达到 0.8，这些指标表明该模型拟合良好。潜变量之间的作用系数分别表现为面孔可信度对内容感知、内容感知对参与意愿、面孔可信度对参与意愿均有正向影响，相关系数分别为 0.278、0.716、0.178。这些数据表明顾客参与主要受到营销内容感知的影响，但是客服的头像采用真实面孔之后，面孔可信度会在一定程度上影响顾客对内容的感知，进而对用户的参与产生影响。

（二）吸引力的影响

利用 SPSS 进行独立样本 T 检验，探究面孔刺激对于不同性别是否有不同的影响。分不同的信息咨询场景进行讨论，在接受面孔可信度高和低的刺激之后，分析女性和男性在内容感知的情况，在内容感知度高和面孔吸引力低的情况下，男性和女性的满意度感知有显著性差别，具体表现为男性的满意度高于女性。为探究其中的原因，进一步分析在这种情景下，客服的性别是如何影响与男性和女性顾客的满意度感知差别。所以，再次进行独立样本 T 检验。通过分析发现：在客服面孔吸引力低但内容感知好的情况下，若客服头像是女性，则男性和女性的顾客满意度评价差异并不显著，但是当客服头像是男性时，顾客不同性别表现出的参与意愿则有显著差异，具体为：如果是女性顾客，则参与意愿较低。通过 SPSS 进行配对样本 T 检验，验证面孔吸引力高或低的客服面孔刺激是否会让被试在同样的咨询质量满意度感知发生改变，结果表明不论内容感知情况如何，客服头像面孔吸引力的刺激会对顾客参与产生影响，具体表现为，面孔吸引力高的用户参与意愿高于吸引力低的用户参与意愿。

根据以上分析结果，证明了面孔吸引力的高低会对总体满意度有显著影响。接下来，本章通过使用 AMOS 构建咨询信息质量、面孔吸引力及顾客满意度三个测量指标构成结构方程模型来研究在信息质量和面孔吸引力两方面对于整体满意度的影响情况，模型中每个测量变量有相应的测量题项构成，对提出的作用路径测量假设进行验证性分析。分析结果表明，CMIN/DF = 1.935 < 2，GFI、CFI、NFI 都大于 0.9，RMSEA 虽然大于 0.05 但是未达到 0.08，RMR 虽然超过 0.05，但是也未达到 0.8，这些指标表明该模型拟合良好，可以接受。模型中各潜变量与测量变量之间的路径系数均大于 0.8，说明各个测量变量能够有效反映潜变量。潜变量之间的作用系数分别表现为面孔吸引力对内容评价、内容评价对参与意愿、面孔吸引力对参与意愿均有正向影响，相关系数分别为 0.224、0.774、0.126。这些数据表明顾客参与情况主要受到营销内容感知的影响，但是营销账户头像采用真实面孔之后，面孔吸引力会在一定程度上通过影响顾客对营销内容感知，从而对用户的参与产生影响。

五、面孔刺激对营销内容的提升作用

通过上面的数据分析，可以归纳出以下相关结论：

一般情况下，性别在面孔吸引力和面孔可信度两个维度都没有明显区别。但是，当内容感知高且面孔吸引力低时，男性和女性在参与意愿方面存在明显差异，具体表现在当客服是男性时，女性的参与意愿会显著低于男性用户。可能的原因是基于面孔可信度产生的他人性格推理对男性和女性相同，面孔吸引力在多数情况下也没有区别，但是女性在内容感知高的条件下，对于面孔吸引力低的头像刺激会有更多考量，表现得较为挑剔。

接受面孔刺激之后，不论是面孔吸引力还是面孔可信度，都会影响顾客的参与意愿，具体表现为吸引力高或者可信度高时用户的参与意愿会相应地高于吸引力低或可信度低的面孔。这样的情况生活中很常见，漂亮或者帅气的面孔在任何情况下都能更加愉快和舒适。

整体上来看，用户的参与情况，更多的还是由发布的营销内容决定。同样的高吸引力或者高可信度的面孔，内容感知高的营销内容往往比内容感知低的营销内容拥有更高的用户参与意愿。而面孔吸引力和面孔可信度会在一定程度上通过影响顾客对内容高感知来影响他们的参与意愿。

通过以上结论，对于企业或者商户来讲，为了改善用户的内容感知和参与可以考虑以下两个方面：

首先，营销者可以尝试使用真实人脸作为头像设置，这样不仅能让顾客在咨询时感受到更多的社会性和真实性，还能因为面孔特征对他们的判断和满意度感知产生作用。当然，作为头像的面孔需要有真实性之外，还应该考虑到面孔的吸引力和可信度等特征，吸引力高的面孔能让用户感到舒适和愉快，而可信度高的面孔可以增加用户对产品和品牌的信任度。特别地，对于女性顾客来讲对于男性头像的吸引力表现出挑剔，因此在对于女性产品的企业或者商家，在选择男性客服时应该更加注意。但是，这样的应用并不是提倡以貌取人，在线客服中人脸头像的应用也正如现实的人际交往，一张干净整洁的脸也能发挥面孔的特质影响。

其次，影响用户参与最大的因素还是内容本身，提升营销内容的品质是关键。而提高内容感知不仅需要做到更佳的审美设计，也要保证内容本身的趣味性和可操作性。

本章对营销内容参与和营销账户面孔特征之间的关系进行了研究，读者需要注意以下一些局限性：

本章的调研对象主要是网络消费者，但由于空间的限制，本章的数据收集主要以网络问卷的形式发放，数据大部分来自在读大学生或者刚毕业的大学生，而且样本的性别比例也未达到1∶1，虽然网购的消费者中大学生和女性占据很大比重，但他们还是无法完全代表全部网购消费者，每一类群体都有其自身的特征，因此本书的结论是否完全适用于其他网购群体还有待进一步证实。在本章的研究中，只是选取了现有的关于面孔特征研究较多的两个维度，可能是比较浅显地分析了面孔特征对于顾客满意度的影响，而且在研究中，也没有过多地考虑被试对于维度的理解程度。社会化媒体对用户网络购物的影响已经逐渐成为决定用户决策的重要方面，消费的产品、内容以及经历都会影响用户的参与，但为了让被试者选取的场景主要针对日常生活中最为普遍的情况，所以很多复杂的情景和问题并没有考虑。问卷在很多情况下相比于实验数据，存在被试者了解调研目的之后倾向性的选择情况。而且为了能让被试者感受到面孔应用到咨询窗口的场景，问卷包含了多个场景，因此单份问卷题项数目较多，填写问卷的时间较长，可能会有部分被试者存在填写后期失去耐心的问卷。

基于以上研究中的不足，本章得出的结论仍然存在一定的局限性。希望有机会可以以本章的研究为基础，针对更加广泛的人群进行调查研究，从而得出更具代表性和更全面的结论，为平台商家提供更有价值的建议和选择。在做行为决策以及体验感知的过程中，面孔的刺激有很重要的作用。不同的面孔特征通常会激发消费者不同的情感体验，从而让顾客有不同程度感知和评价。面孔特征的维度是多样和丰富的。针对不同的情况，面孔的影响作用会存在差异。因此，未来的实践和研究中可以引入场景变化相关的因素对于面孔特征作用效应的影响，从而更加精密地对内容本身及呈现背景进行设计。

第八章　针对社会化媒体背景下营销内容的进一步思考

本书聚焦社会化媒体背景下营销内容感知和参与，通过对前文的总结思考，可以得到以下结论，从而为读者提供借鉴。

一、针对营销内容的主要结论

（一）针对营销内容的分享和赎回决策从个体认知影响角度上存在显著区别

在营销内容的背景下，个体针对相关内容的感知涉及两种决策，以自身角度的决策考虑如赎回决策等（redemption），以及从他人角度的决策考虑如转发（forwarding）分享（sharing）决策、口碑决策（word - of - mouth）等。Pronin（2008）在针对个体对自身（ourselves）和他人（others）认知对比的研究中，分析了个体在认知影响上的差异，表明个体在自身视角感知和对他人的感知是存在显著区别的，如个体对待自身角度的考量受到情绪（emotion）、冲动（sensations）以及认知（cognition）等因素的感染，而对待他人的认知倾向于外部观测。另外，Liberman 等（2008）的研究表明，自身视角的考虑通常倾向于情境化、相对低解构性、具体化，而基于他人视角的考虑则倾向于抽象化、图解化、脱离情境化。一些针对线上营销生成内容信息的研究中，如 Xu 等（2009）在移动网络环境下推送信息的研究，See - To 等（2014）在社交网络环境下购买意愿和口碑研究中，事实上都未曾区分，或者说混淆了个体自身决策与个体他人决策两种不同视角决策的影响区别。在社交化平台广泛应用的背景下，个体自身决策（例如，预订决策、购买决策）以及个体基于他人考虑的决策（例如，分享决策、推荐决策）已经成为企业和研究者们普遍关注的重点问题。遗憾的是，从营销内容的影响角度来看，我们对个体的两种决策和认知影响上的差异依然所知甚少。而在个体他人视角决策认知区别的相关研究中，主要集中于不同背景下的概括性理论分析（Pronin，2008；Liberman，2008），在广告和推送信息情境下，两种决策细节性的探讨分析相当缺乏。

本书的实证分析结果表明，对于折扣类营销内容而言，感知控制会对个体的两种意愿产生不同的影响，其中感知控制对于个体的内容分享意愿有着相对更高一些的影响作用，这表明个体在他人角度考虑上，对于控制感有着严格的要求。此外，个体的态度对于个体的自身决策（例如，赎回购买决策）有着更高的影响作用，这表明个体在转发和分享决策过程中，关注点可能更侧重于内容对于被分享者的价值和有效性。另外，营销者与内容接受方的联系和关系会显著促进个体的分享意愿，而对个体自身决策（赎回购买决策）的影响则相对有限。这样一个结果首先表明，虽然解释水平理论概括性地分析了个体自身与他人角度考虑的区别，这样一种结论受到具体研究情境的限制。例如，基于解释水平理论，较远心理距离，个体的考虑会趋于抽象化、脱离情境化，然而主要对他人考虑的分享行为却受到个体控制感更高的影响。个体控制感是个体对于自身完成某项行为能力和资源的感知，是与具体情境相关的变量（Ajzen，1991）。在社会化媒体营销内容背景下，这一点显然未能符合解释水平理论的基本论断，却也暗示了个体在分享决策中的关注特性。

（二）新网络背景下，位置因素和关系因素会对个体的决策产生关联性影响

依照解释水平理论的观点，由于人类的认知习惯容易限制在“自身”“当下”的认知角度，在大多数情境下时间距离、空间距离、社会距离以及假设相似性等心理距离的不同维度，在个体感知的影响上发挥了相似的影响作用。一方面，不同维度的心理距离使得个体在心理认知结构上呈现出不同层级的心理解释；另一方面，不同层级的心理解释也会和距离感知呈现出匹配效应。然而，虽然不同维度的距离相互联系，在实际的情境中它们所起到的作用却存在区别（Trope 和 Liberman，2010），并且维度之间的相互关联影响和重要性也存在差异。例如，Trope 和 Liberman（2008）在研究中提及，不同维度的重要度排序，显然要取决于情境性本身，在某种情境下，一些维度可能成为具有基础性影响力的维度。基于我们对文献的整理和阅读，目前对于不同距离维度之间的交互性影响进行分析探讨的研究还相当缺乏。在新的网络环境下，由于移动通信设备和应用的广泛使用，营销者们在一些情境下不得不考虑社会化媒体环境下位置因素以及关系因素的作用角色（social - spatial）（Scellato，2011），而解释水平理论则为我们提供了一个理解位置因素以及社会关系因素的综合影响的重要框架。

本书的实证分析结果表明，在社会化媒体营销内容背景下，个体对内容相关企业的关系感知以及个体所处的位置会对个体针对营销内容的个体视角决策和他人视角决策产生重要的影响作用。个体与相关企业的社会距离感知直接显著性地影响了个体对于内容的转发意愿（$\beta = 0.209$，$p < 0.01$），虽然社会距离感知同时对个体的赎回意愿产生较小但仍然有显著的影响（$\beta = 0.042$，$p < 0.01$）。结合其他因素，可以表明转发决策中个体对内容相关的营销者来源有着更加侧重考虑，证实了社会距离对于个体转发决策的关键性影响维度角色作用（Jayasingh 和

Eze，2009）。此外，位置（空间距离）的调节作用分析则表明，空间距离会影响控制力以及价值有用性感知对于个体内容分享决策的作用关系。即在近空间情境下，由于情境的具体化，个体的感知趋于细节化和低解构化，从而增强了环境干扰因素的影响，降低了价值有用性感知（高层级解释）对于其态度感知的影响；此外，在近空间情境下，个体倾向于采用可行性决策认知方式，因此个体对目标涉及的阻碍和自身能力的估计（感知控制）则对于个体的最终行为意愿有着更强的影响作用。而且，在针对自身决策（近）和针对他人决策（远）的考量上来看，空间距离的调节性影响表现出了距离一致性的认知匹配（distance congruent）。

（三）社会资本会对个体的营销内容的分享产生显著的影响作用

本书中，社会资本（social captial）是社会化媒体用户在平台中所用的社会资源的综合，包括个体与其他个体用户的关联数量、圈子中所蕴含的信任、规范、承诺、行动共识、共同语言以及共同理解等存在于线上社交关联中的无形资源。以往的研究表明，社会资本作为社交活动的基础，对个体的行为产生了重要影响。在线上环境下，社会资本是促进个体信息分享和内容分享的重要先决和必要条件。如 Wasko 等（2005）的研究表明，社会资本会对电子网络中的知识共享和分享行为产生重要影响，Chiu 等（2006）的研究表明社会资本会对个体的信息和知识分享行为产生显著的促进作用。此外还有 Gil 等（2012）、Sun 等（2012）、Polson 等（2013）针对社会资本对于个体参与、服务满意、社区卷入等研究，均表明线上社会资本对于个体的行为有着重大影响。然而，遗憾的是，探讨线上社会资本与商业性内容感知行为的相关研究相当缺乏。一方面，在社会化媒体中，商业性内容作为有价值的一类信息来源，在个体间信息的分享传播中占有相当大的比重；另一方面，基于商业性内容的特性，也会在社交背景下引起诸如隐私顾虑、垃圾信息、情境偏移、广告侵入等负面认知。因此，在社会化媒体背景下，针对社会资本和营销内容分享之间的影响关系的实证探索具有积极的现实意义和理论价值。

本书实证分析结果表明，在社会化媒体背景下，个体的关系以及网络中心化位置、个体线上圈子的共同语言、共同理解会对个体的营销内容的分享行为产生正向的影响。这意味着高社会资本的线上内容接受方确实存在更高可能的分享营销内容。另外，个体的社会资本没有显著地影响个体的营销内容的分享意愿。这表明，社会化媒体营销内容分享背景下，社会资本的角色作用不同于以往虚拟社区中知识分享背景下的角色作用。在社会化媒体背景下，虽然处于网路中心节点的个体（结构性资本）、拥有更高共同语言和共同理解的圈子个体显然在分享营销者生成行为方面有着更高的发生概率，然而，基于实证分析结果，高社会资本并不会显著地提升个体的营销者分享意愿。这表明，不同社会资本的个体在分享意愿的影响上可能不存在显著差异，同时，结合针对营销者分享行为的影响作用，事实很可能是营销内容的分享在高社会资本节点上，仅仅起到了对社会关系的高覆盖率，从而达到预期的结果。社会资本对个体营销内容分享感知和行为的影响作用表明，营销内容作为社会化媒体中重要的内容来源，有着完全不同于信息分享和内容分享具体特征。

（四）个体的调节倾向会对个体的营销内容分享行为模式产生显著的调节作用

一直以来，线上用户研究者广泛分析了态度、感知等相对易变的个体因素对于个体在线行为以及决策的影响，而诸如个体特性（personality）、个体特质（trait）、个体认知方式（cognitive style）等相对较少变化的个体因素，在个体线上行为研究中还较为缺乏，对于这些因素对个体线上感知和决策影响作用和机理进行论述探讨的实证性文献还不太多见（McElroy，2007）。个体调节定向基于个体历史行为成就对于个体后续行为影响的原理和现象，假设行为成就会激发个体自豪感，从而对新任务和目标的决策起到激励和影响作用。促进定向和防御定向分别对应于目标达成和损失规避两种动机性系统影响模式，并且两种导向行为对于个体的目标导向存在着统计学意义上的显著区分（Higgins，1997）。长期以来情境引起的防御定向个体基于以往成功避免回避风险和损失的成就自豪感，从而更倾向于采用类似手段来完成和实现自身的目标。防御自豪感所强调的负向愧疚和损失经历激励影响系统，在描述和分析社会化媒体营销内容的相关决策中有着独特的视角，对于评估个体由于避免倾向所引发的行为差异有着很强的解释力。

本书的实证分析表明，在社会化媒体背景下，个体的防御自豪感会对其自身的营销内容的分享行为产生显著性的调节性影响作用。例如，个体的防御自豪感会对过往行为与分享行为之间的关系产生调节性影响，对于高防御自豪感的个体而言，过往行为会对其分享行为有着更强的预测作用。这是因为，对于高防御自豪感个体来说，个体规律化的行为体现了一种对个体来说风险损失可控、可接受的感知状态。而既往行为模式的打破，对于高防御个体而言有可能增加未知和偶发损失风险。因此，相对于低防御自豪感个体，高防御自豪感个体收到过往行为影响约束作用相对较高一些。另外，对高防御自豪感的个体来说，其在营销内容分享意愿和分享行为之间的预测关系要弱于低防御自豪感的个体。这是因为基于人们的认知习惯，在对较远行为目标的评估上，人们会相对忽视限制条件和风险，从而持更加乐观和自信的态度。而事实上，由于防御认知系统的影响作用，由分享行为所引起的未预期的外围性风险和困难也可能更容易影响高防御自豪感的个体。

（五）营销内容背景下，逆反心理会对个体的认知产生显著性影响

长期以来的事实是，由于科技的发展，企业的广告宣传也变得无处不在，导致受众从一般意义上对于广告内容产生负面情绪（Tsang 等，2004）。营销内容作为企业依据自身利益生成的内容，不经意间同时受到个体基于广告认知的影

响。例如，在社会化媒体环境下，这些推送宣传类内容会使得个体受到隐私顾虑、垃圾信息、行为干扰等威胁。个体针对特定内容的关注和分享行为，有可能导致个体私人信息和内容偏好的暴露，从而造成隐私威胁。此外，不相关的广告内容推送，对于特定内容的关注以及内容偏好的暴露都有可能会导致更多的垃圾信息、兜售信息的威胁（Dickinger 和 Kleijnen，2008）。而且，在社交背景中，营销者生成信息的出现有可能导致个体从社交娱乐关注的转移，从而形成侵入性威胁（Ha，1996）。这一系列的因素都会导致个体用户控制感的缺失威胁，同时威胁到用户的自由感知，从而导致显著的逆反性心理，诱发后续行为。

本书的实证结果表明，个体的控制感会对个体的营销内容的分享意愿造成显著影响。个体的控制感知的损害会直接导致个体逆反后果，从而削减个体对内容的分享扩散意愿。此外，本书表明内容的侵入度会显著负向影响个体的认知性动机，同时会对个体的情感性动机造成削减作用。在社会化媒体环境下，个体对于自由威胁的感知使不恰当的营销内容呈现方式诱发了逆反心理，造成对内容反感、拒绝、回避等后果。这是因为内容对于个体社交关注和娱乐行为造成的侵入性影响，背离了个体目标和价值，从而直接削减了内容传播和感知的有效性。事实上，在社会化媒体环境下的广告研究中，一系列的研究都关注到了社交背景下广告内容所造成的负向感知影响。例如，Kelly 等（2010）对相关性和可信性以及平台对于广告回避行为的研究，Taylor 等（2011）提及的用户过度化商业开发感知，以及 Carmichael 和 Cleave（2012）研究中所提及的“广告在社会化媒体中之所以缺乏说服性，是因为处于错误的地点”。虽然这些研究孤立地关注到个体在社交平台下对于广告推广内容的负向性认知模式，却没有更深刻地揭示出用户针对社会化媒体背景下，广告负向性认知和行为模式的基础原理。本书基于心理逆反理论的相关影响关系的假设验证，则表明个体的心理逆反机制为个体在社会化媒体背景下的广告负向认知提供了一个重要的、基础性的统一理论视角。

（六）营销内容背景下，品牌感知会对个体的认知产生重要影响

对于企业而言，消费者对于品牌的估计有着非常重要的经济意义。品牌能够使个体得以识别推广内容中某项服务或产品，并同时从众多的竞争者中间识别出该服务或者产品的特性（Rowley，2004）。品牌可以帮助企业获得额外的定价溢价以及顾客忠诚度，并且更进一步，品牌本身会对媒体广告以及促销内容等活动产生促进作用。作为目前公认的两个基础性影响因素：品牌影响和用户参与，虽然一些研究已经注意到品牌特性对于个体自发参与和口碑传播有着显著的影响作用，在线上环境下对品牌和用户参与两者关系的研究还相当有限。另外，不同于个体对特定品牌的认知，品牌概念从整体上而言，也对个体的决策行为产生了显著的影响。例如，有些个体对于商品品牌更为敏感，因为针对品牌的关注可以从社会地位上为个体带来好处（Han 等，2010），产生社交性展示的作用（Fischer 等，2010）。此外，对品牌整体概念的关注有助于在信息获取和行为决策中削减风险。在营销内容背景下，对于一般意义上品牌的总体影响和个体针对特定品牌感知的影响测量和影响分析，有助于我们更好地理解社会化媒体环境下，品牌与个体参与两个重要概念之间的关系。由于营销者用户和营销内容事实上是目前社会化媒体的重要活跃部分，本书也有助于更深入地理解线上用户间的内容分享行为。

本书的结果表明，个体对于品牌的一般性整体观点为：类别性品牌关联（BRiC）对于个体的情感性动机有着显著的影响作用，而对于个体的认知性动机作用并不显著。这样一个结果意味着，个体的整体性品牌观点并不会直接提升个体对于营销内容的重要度和相关度感知，然而这有助于提升个体对于内容趣味性、娱乐性等情感方面动机。这表明个体的类别性品牌关联：对于品牌整体性的观点，偏重于情感方面的影响，有助于促进个体形成积极的情感性动机。然而，类别性品牌关联并无助于个体对于内容重要性的感知评价，这表明类别性品牌关

联可能有助于消除个体对于推送内容的预设情感性排斥立场。个体针对营销内容相关的特定品牌的态度认知同时会显著影响个体的情感性动机和认知性动机。个体对相关的特定品牌的态度对于个体的认知性动机的影响更为明显，相对而言，个体对相关的特定品牌的态度对于个体的情感性动机的影响则相对弱一些。结果表明，个体对特定品牌的态度更侧重个体的认知性动机，即个体如果对一个内容中相关的品牌持好感，则更可能认为内容本身是重要和相关的。这样一个结果，表明了个体的整体性品牌观点和特定品牌态度对于个体情感性动机和认知性动机的影响特点，从而在内容传播的角度使得我们加深了对于品牌影响用户参与的理解。

（七）营销内容转发传播的报酬设置会对个体的认知产生偏重性影响

在社会化媒体中，为了促进用户的参与和内容的传播，营销者在自身生成的内容上，经常设置一些报酬内容，如礼品赠送、折扣优惠、机会酬劳、点数等（Smelser 等，2010）。一些研究认为，酬劳是鼓励内容分享和传播的有效手段，个体意识到分享行为能够满足自身需求，从而促进了个体的内容分享动机和行为（Kankanhalli 等，2005）。这是因为基于社会交换理论，个体的互动参与以及个体间关系的形成和持续取决于个体所感知和期望的回报水平（Cropanzano 等，2005），对于分享行为和互动参与而言，特定的酬劳设置有助于提升这些活动的吸引力，为个体的参与判断提供了客观的标准。报酬设置所引起的后续性反应，不全是正向的。例如，Eisenberger 等（1996）的研究表明，在个体感知行为受到限制，并且可以拒绝的情境下，报酬设置有可能引发负面性的认知效果。在社会化媒体背景下，营销内容作为一种鼓励个体参与和分享互动的推送内容，不可避免地受到个体对于广告类内容负向性认知倾向的影响（Carmichael 和 Cleave，2012）。企业从自身的管理和运营经验出发，基于描述性的数据分析，制定特定内容报酬设置，这样一种管理导向的视角，无法从更深的层级了解个体对于营销内容报酬设置的认知机理。本书从报酬影响的情感性动机和认知性动机两个维度展开了实证性的分析，从而为更深入地理解社会化媒体情境下以鼓励用户关注和参与为目标的报酬设置的角色作用提供实证性的参考。

本书的结果表明，个体的预期收益没有对个体的认知性动机产生显著的促进作用，此外，个体的预期收益对个体的情感性动机产生了显著的正向影响。这是因为，首先，营销内容的抽奖报酬设计，由于获取概率设置低下、限制条件较多等因素（例如，要求用户点击、注册特定的内容）的影响；其次，个体获取的收益从理性效用的角度来看也较低，如一般都是低价值的报酬，高价值抽奖概率低且获取过程难以透明，这就导致营销内容收益设置的效果受到削减；最后，相当多的营销者用户在社会化媒体平台中采用了附带抽奖等设置，来推广自身的影响力，鼓励用户参与，从而使得报酬设置引起个体产生比如“兜售信息”“垃圾信息”等类似印象，从而降低了报酬设置的有效性。这些原因，可能使个体对于这类内容的重要性和相关性认知下降。而从另一角度来看，针对营销内容的报酬抽奖设置，即使没有提升个体认知性动机的考量，与其花费时间在浏览内容上，个体也可能将这种设置视为一种基于娱乐和趣味性的激励，从而诱发情感性动机。这表明虽然报酬设置可能无法提升个体对内容的重要性和相关性认知，却可以有助于内容的趣味和娱乐属性，从而影响个体的行为动机。

（八）个体的情感性感知动机和认知性感知动机会对个体的转发行为的影响存在区别

在广告研究中，卷入度是个体所感知到的广告内容与其自身兴趣、价值以及需求等的关联和匹配程度（Zaichkowsky，1994）。个体针对广告内容的卷入度量了个体由相关内容所引起的内在激励的趋向、强度以及持久度。认知性卷入测度了个体对内容信息功能性表现的关联感知，描述了个体对广告内容相关性和重要性感知动机。而情感性卷入度量了个体由相关内容所引起的诸如情感、情绪以及感觉等内在激励，是对个体针对特定内容的情绪状态的度量。在广告内容研究中，个体的认知性反应表现了个体针对内容与自身需求以及偏好的匹配程度，从而中介性影响了个体针对广告内容的接受和直接行为（Wright，1973）。除了个体认知性反应之外，个体的情感性反应也被认为是个体针对广告内容接受和直接行为的重要决定因素。虽然个体的情感性反应由内容触发引起，这些情感性反应却取决于个体而不局限于内容本身（Batra 等，1986），并且不自觉地直接影响了个体行为感知。事实上，基于 Lovett 和 Peres（2013）的研究，营销内容背景下个体的信息内容的传播受到个体针对特定内容的情绪性和功能性两个框架因素的重要影响。这表明一方面个体针在营销内容的影响中，认知性卷入和情感性卷入是刻画个体分享动机意愿非常适合的视角，另一方面对于这两者角色在内容分享的实证探索中相当缺乏。

本书的实证结果表明，在社会化媒体营销内容背景下，一方面，影响个体情感性和认知性卷入动机的因素存在侧重上的重要差异。例如，在微博服务背景下，相对于认知性卷入，个体的广告侵入度对于个体的情感性卷入产生了更显著的影响，个体的预期收益和类别性品牌关联意识也侧重性地对个体的情感性卷入产生了影响。而个体对内容相关的品牌态度则对个体的认知性卷入产生了更为明显的影响。另一方面，虽然个体的认知性卷入动机和情感性卷入动机对于个体的营销内容分享意愿都有着显著性的影响，但是对比起来，个体的情感性卷入动机对于个体的分享意愿的影响相对更加重要一些。这表明，在个体的认知性动机和情感性动机之间，情感性动机对于个体的营销内容的分享行为有着更强的影响作用和预测效力，情感和情绪反应是社会化媒体背景下用户针对广告推送信息相关行为的关键性影响变量。即虽然个体认为重要和相关的内容可能会触发个体的分享行为意愿，有趣和娱乐性的反应动机则更容易促使个体分享意愿的发生。

（九）内容背景会对相关的营销内容的传播参与产生影响

作为一种被广泛接受和证实的产品分类方式——体验型产品和搜索型产品，研究者已经证实，个体在面对两种类型产品以及相关信息时有着不同的应对方式和关注偏重模式。基于 Weathers（2007）的研究，体验型产品在很大程度上取决于个体用主观感觉去评估产品的质量，而与此相对应，体验型产品则可以通过二手数据以及参数而判断产品的质量。体验型产品在实际的试用和使用前无法准确评判，因为体验型产品的产品评估基于个体偏好和主观审美。而搜索型产品的感知质量基于可观测属性，如价格、特性、性能以及授权等是基于客观属性的一种评判。以往的研究表明，个体对于产品抑或服务推送宣传信息的感知，在一定程度上与产品服务的搜索属性和体验属性有着重要的关联（Mudambi 等，2010）。在线网络情境下，个体对不同产品类型的宣传内容会产生不同的侧重和评判，从而影响了个体基于这些内容的决策认知。因此，可以推断营销内容相关的产品或者服务类型造成个体认知侧重和认知模式的差异，从而在内容分享决策影响因素的作用上产生差异。

基于本书的实证结果，营销内容相关的产品和服务类型属性（体验型产品和服务性产品）会对个体针对营销内容的认知性卷入对个体营销内容分享意愿的作用关系产生显著的调节作用，而这个调节作用在个体针对营销内容的情感性卷入和个体营销内容分享意愿之间关系上并不显著。这表明，个体的认知性卷入作为个体对于内容功能与自身需求和偏好匹配程度的一种动机，描述了内容对于个体自身的重要度和相关度认知，表现了一种较高层级的认知加工过程。而个体对于搜索性产品的评判，则更多地基于一种客观数据、参数、性能等不会跟随个体偏好和性格变化的评估标准。因此，在搜索产品和服务背景下，个体针对内容的认知性卷入会对个体的营销内容的分享意愿产生相对更高的影响力。与认知性卷入和个体营销内容分享意愿之间相关关系上的显著调节作用相对比，产品和服务类别在个体情感性卷入和个体营销内容分享意愿之间关系上的不显著的调节作用则表明，个体的情感性反应不论在搜索性和服务性两种产品服务类型背景下都有着重要的作用角色，并且这种重要作用之间没有显著性区别。这表明在线营销内容背景下，个体的情感性反应与个体认知性反应对于个体决策影响的区别。

并且，展示形式甚至账户面孔设置等因素也会对用户的参与产生显著影响。在社会化媒体背景下的内容展示程度对用户的内容态度和参与意愿都有显著的负向影响；内容类型对内容展示程度与用户态度和参与之间均具有显著的调节作用；而内容形式只对社会化媒体背景下的内容展示程度与用户态度之间具有显著的调节作用。本书认为社会化媒体应该对不同用户的社会化媒体群有不同的投放曝光频率的控制，并针对不同的用户投放他们偏好的类型和形式的内容。除了传统意义上理解的内容感知影响着用户参与之外，结果显示在内容感知相同的情况下，面孔吸引力高和面孔可信度高的头像设置拥有更高的用户参与评价，但总体的用户参与更多地取决于内容感知，面孔特征会通过在一定程度上影响用户的营销内容感知，并影响总体的参与意愿。

二、本书的几点思考

在线上社交应用中，由于社交属性与个体生活的高度融合，使得传统的线上用户研究和广告营销研究在解释力上对用户的行为十分乏力，需要通过跨领域和多角度的方式来研究个体针对营销内容的相关决策行为。营销内容基于企业的目标，在社会化媒体环境下发挥了独特的影响作用（Goh 等，2013）。基于内容分享和知识分享角度的研究，将个体间信息的分享视为一种自发的助人互惠行为，显然忽略了营销内容的商业化和广告性背景。基于口碑视角的研究关注于整体意义上的经济利益，而忽略了现实情境下用户个体层级的关键临界行为的发生。通过正视营销内容在社会化媒体环境下的独特属性和价值，本书表明，新环境下营销者们事实上可以将自身的角色从以往的被动和反应模式改进为更富有前摄性和主动性的角色。本书基于线上用户和广告营销学的成果，从个体动机的视角研究用户针对营销内容的行为影响因素，为新媒体环境下营销者作用角色研究提供了新的理论视角和研究视野。

社会化媒体类应用的快速发展改变了个体信息获取的方式，如基于分散化信息生成和订阅的社交广播技术（微博服务），极大地促进了基于社交互动而实现的信息扩散和内容分享行为（Shi 等，2014）。基于知识分享动机的研究者关注于线上环境以帮助他人为目的的知识贡献和分享行为，往往忽略了外部收益等因素的作用。而对于将分享行为作为关键技术和社交机制的平台而言，内容分享从以下两个方面与传统的知识分享存在显著区别：首先是对于他人创造内容的传递过继，其次是处于不同以往的全新设置媒体环境下（基于社交广播和社交沟通的平台应用）。尽管极有限的研究基于个体关系关联角度对信息扩散和内容分享展开了初步探讨，却仅仅局限于描述性的研究方法，并且受制于获取细节信息的数据重大障碍。基于我们对文献的梳理和阅读，本书是较早对该环境下个体用户内容分享行为建立动机模型并展开实证性验证的研究之一。本书为我们更好地理解新环境下个体自发性内容分享过激行为提供了更加丰富深入的认识和视野。

信息和知识在线上环境的扩散传播作为领域内的一个重要问题，而新环境下用户间内容分享和扩散行为则是值得我们关注的新兴议题。本书将内容分享扩展至营销内容的分享，首先，通过基于解释水平理论、调节定向理论、建立个体营销内容的动机模型，实证性的结果表明，新媒体环境比如移动网络应用下，空间特性和个体的关系感知会对个体的内容分享决策产生显著的影响。其次，个体间的营销内容的分享影响机制有着自身独有的特征，与传统的知识分享研究结果存在着显著性差异。最后，受营销内容本身特质的影响，如广告侵入性、报酬设置、品牌影响等会对个体的分享行为产生重要影响。本书对几个方面的探索，有助于进一步加深我们对在线环境下个体自发性传递信息行为动机的理解。

过去的研究如 Wright（1973）和 Batra 等（1986）对于个体广告的感知都是以主要侧重于广告类内容对个体的认知性或者情感性反应，通过一个方面的反应来测度营销类内容对个体相关决策行为的影响。而事实上，个体的认知性反应表现了个体对推广内容与自身需求和偏好的匹配程度，描述了内容相关度以及重要程度，而个体的情感性反应由推广内容引起，同时不局限于内容本身，会直接影响个体后续行为感知；此外，一些研究如 Lee 等（2014）在个体线上行为中，也验证了个体认知和情感评估对于个体平台使用意愿的影响。从推送内容感知和线上个体认知两个角度来看，个体的认知性反应和情感性反应是个体针对营销内容等推广类信息感知评判和行为动机不可或缺的两个维度（Lovett 和 Peres，2013）。与过去的研究相对比，本书识别出个体认知性卷入和情感性卷入在影响微博服务用户营销内容分享传播意愿上的特殊的影响机制，从理论和实证上证明了认知—情感双因素对于个体线上内容分享行为意愿的中介性影响，为我们认识社交广播系统环境下个体内容感知和分享动机提供了更加深入的视野。

此外，基于本书中提出的个体认知—情感双因素动机模型，本书实证性验证了营销内容的广告以及商业属性，如广告侵入、期望收益、类别性品牌关联以及品牌态度对于个体感知影响的侧重差异，并且描述了个体的认知性反应和情感性反应对于个体内容分享意愿的影响差异。本书整合了广告学、营销学以及社会心理学等研究视角，探讨了个体内容分享行为，扩展并推进了线上用户环境下个体信息分享和扩散行为的研究。针对个体线上内容分享的研究，包括 Wasko 和 Faraj（2005）以及 Shi（2014）的研究，事实上都是基于用户自发性助人分享的角度来探讨个体的内容分享行为。这样的研究视角侧重于传统的线上用户领域视角，尽管传统的内容和知识分享研究模型在各种情境下都能得到较为显著的支持，同时也由于缺乏具体研究情境的特殊属性，从而导致研究结论对研究问题不能得到有效的解释。例如，Benbasat 和 Barki 等（2007）指出，基于线上用户研究的传统化研究视角，限制了研究者的注意力，使得学界忽略了线上用户情境下的许多其他重要的用户行为类型，从而限制了领域的知识积累。本书基于营销内容分享行为的研究视角，有助于扩展和加深学界对于线上用户条件个体针对营销生成内容行为和决策过程的理解。

三、对个体用户和企业的一些建议

本书对于社会化媒体运营者以及在社会化媒体上进行营销和影响力推广的个体和企业用户有以下一些方面的实践参考：

（一）理解新时代基于位置以及社交媒体环境对用户的影响

首先，应理解基于心理距离角度上，空间距离因素和社会距离因素对个体营销内容决策的影响。本书的结果表明，个体对营销内容的赎回意愿，主要受个体态度和感知控制的影响，虽然个体对营销内容的赎回也受到个体与营销者商户之间的熟知关系（社会距离）的影响，但是路径系数较低为 0.042。这表明，虽然个体与营销者之间的社会距离会影响个体的赎回决策，但是社会距离并非影响个体赎回决策的主要影响因素。空间位置因素会显著调节影响个体感知有用性和感知行为控制对赎回意愿的影响。这表明近情境的条件下，个体对可能出现的干扰因素和自身把控力的关注更加侧重。本书的结果表明，虽然个体的态度和感知控制是决定个体转发动机的关键要素，而个体与营销者之间的社会距离也是影响个体转发决策的决定性因素。此外，空间位置因素也会显著调节影响个体转发意愿的形成，在一定程度上与个体赎回意愿的影响类似。然而，空间位置因素会显著调节个体与营销者社会距离对个体转发行为的影响，表明在较远位置条件下，个体更可能产生对营销内容的分享意愿。

其次，应理解心理距离角度对个体在自身决策和分享决策上因素影响的差异，从而更好地实现企业的利益目标。本书结果表明，个体自身的赎回决策局限于自身和当下是一种心理距离较近的决策，而个体的转发意图涉及对他人需求的考虑是一个心理距离较远的决策。在位置近情境条件下，应当尽量减少个体针对营销内容使用和赎回中所存在的可能障碍，应该提供一定的引导措施，设置个体较高的选择和设置权利，从而提升个体的控制感知。企业应该重视和充分利用个体与自身的社会距离的基础性影响作用，并且利用空间位置与个体决策的距离一致性的认知匹配（distance congruent）来设置合适的推广策略，实现自身的利益目标，从而获得较高的个体针对营销生成内容的赎回动机和分享意愿。

（二）结合企业自身目标和相关用户的特性有针对性地开展和营销及推广活动

首先，在社会化媒体环境下，企业应当在营销内容的宣传推送策略上针对个体的防御定向采取不同的接近策略。本书的结果表明历史行为轨迹会对不同防御自豪感的个体分享行为产生不同的影响，建议企业应该对高防御自豪感个体的历史行为模式采取更加关注的态度。由于习惯行为模式对于高防御自豪感的个体而言，意味着可控的潜在风险和外围损失概率，因此对高防御自豪感用户群体针对营销内容的关注和分享行为的培养策略，更可能获取具有持续性行为模式的高忠诚度受众。相对于低防御自豪感的个体而言，其在分享决策的过程中更容易因内容本身相关性和质量的影响而产生分享行为，因此，企业应更加注重内容本身制作和编排上的有用性和有效性，从而促进这部分群体的分享行为的发生。

其次，企业及营销者用户应该理解营销内容分享报酬和奖励的设置存在侧重性的影响作用，应当根据用户特征和自身的推广目标制定酬尝策略，从而削减可能产生的负面效果，提升这部分投入的收益水平。虽然，基于社会交换理论，报酬有利于提升特性行为活动和关系的吸引力，然而在高限制、易避免的情境下，报酬可能并不能提供预想的正面效果。本书的结果表明，报酬设置无助于个体针对营销内容的相关性和重要性感知，对于个体的功能性需求感知匹配并没有明显的促进作用。不过基于营销内容的奖励设置，如抽奖以及额外机会等形式的报酬设置有助于提升内容的情感性反应，提升个体对于内容趣味性和娱乐性的感知动机。基于以往的研究，用户中针对报酬以及可能收益的敏感性特性会使得个体在面对这些可能收益时表现出不同的行为模式（Dickinger 和 Kleijen，2008），报酬设置在营销内容的情境下有可能产生与企业预想不符的结果。本书表明，企业应当按照自身的宣传目的制定报酬设置和策略，从而保证这些报酬设置不损害个体的针对内容的功能性评判，从而降低内容推送的负向性后果。

再次，本书的结果表明，虽然个体网络中的中心化位置以及自身圈子的共同理解有利于促进营销内容分享行为的发生，企业仍然对此持谨慎态度。与传统的知识分享研究的结果不同，本书的结果表明社会资本对个体的营销内容分享意愿没有明显的促进作用。这样一个结果表明，高社会资本对于个体营销内容的分享行为可能是由更高的关系覆盖率所引起的，即由于高社会资本的线上用户存在比低社会资本用户更多的有效关联，因此更可能出现营销内容分享行为。因此，针对网络中心度较高的用户的推广是同时存在风险和收益的行为，因为不相关的内容很可能直接导致个体的负面认知反应。本书表明，企业应当在了解个体需求特定的基础上锁定网络中心化位置的用户，单独的基于个体线上关联而锁定用户效果可能是有限的。

最后，本书的结果建议企业应当充分重视和引导个体用户的参与热情。本书结果表明个体的内在动机，即个体对于自身行为能力和接受的估计是决定个体营销内容分享行为的重要影响变量。个体能在这种分享行为中获取乐趣，仅仅是因为这类行为能够帮助他人获取有价值的信息，同时对于有助于让他人认为自身有知识或者更专业，此外，这样的分享行为也可能有助于帮助圈子获取更多的话题，提升活跃度等。而个体这部分动机会对个体的营销内容的分享行为起到重要的促进作用。对于在社会化媒体中提升自身影响力的企业和营销者用户来说，设置合适的机制和策略，充分利用个体的这部分动机，对于企业提升影响力、获取新用户而言是极为重要的。

（三）充分地识别用户的逆反心理影响，从而减少用户可能的负面反应动机

本书的结果表明，企业应该注重个体针对营销内容的控制感知，并给予个体较高的设置和订阅自由。这样有助于个体以内容分享为目标，提升自身资源以及机会方面的评估，从而支持这些行为。因为个体控制感的降低，有可能使个体产生垃圾信息、隐私顾虑以及信息过量方面的自由侵害感知，从而诱发逆反心理，直接导致个体对营销内容的负向性认知反应。在线上环境下，个体的控制感知会发挥相对传统环境下更为重要的角色作用。由于电子环境下，大量的营销信息每时每刻都在生成和传播，良莠不齐，使得个体产生兜售信息、信息淹没的联想，并且生成针对自身隐私信息扩散的忧虑。因为社会化媒体环境下，尤其是具有社交属性的应用中留存了个体用户大量的私人信息和爱好兴趣，企业以及网站给予个体的较高自由度控制设置和订阅设置，有助于显著降低个体的逆反心理，从而提升营销生成内容推送的效力。

除了个体控制感知以外，本书结果表明，企业应当正确识别自身营销生成内容所造成的可能广告侵入感知，从而控制可能的负面效应。在社会化媒体背景下，广告内容的出现有可能打断个体用户当前的行为目标以及关注自由，从而使个体感觉到针对其自身行动自由的威胁，从而诱发逆反心理，损害个体针对营销内容的预期动机。本书表明个体针对侵入性的感知，更容易直接削减个体对内容本身的情感性反应动机而不是认知性动机，这表明个体的广告侵入性感知除了损

害了个体对广告的内容功能性效力的评判，更显著地损害了个体的情感性动机，从而降低了广告的效力。对于企业和营销者用户而言，应当采取合适的内容推广策略，从而更精准地定位目标，并且在合适的情境下进行内容推送，从而最大化地降低个体针对内容侵入度感知的负面性影响。

（四）结合自身产品或服务特性，进行针对性的内容属性设计

首先，本书的结果建议企业应该在社会化媒体环境下，正确评估和利用企业自身的品牌影响力，并引导和鼓励高类别性品牌关联意识个体用户的参与，从而获取更高的营销内容影响力。在微博服务背景下，高类别性品牌关联的用户更容易产生针对营销内容的情感性反应动机，而个体针对企业品牌的直接态度则更容易产生针对营销内容的认知性反映动机。这表明，由于社会展示和风险削减的需求，高类别性品牌关联的用户更容易对营销内容持正向的情感性动机立场，从而有助于提升内容的传播和影响效力。而个体针对品牌的态度则有助于直接提升个体针对内容功能有效性和内容相关度的评判。企业应当在新媒体环境下，充分地深耕企业自身的品牌影响力，并发挥高类别性品牌关联个体针对内容的偏向性立场。

其次，为了获取更高的营销内容传播效力，企业和营销者用户应当理解个体情感性动机和认知性动机在影响上的区别，有针对性地展开内容设计工作。在社会化媒体背景下，个体针对营销内容的情感性卷入对于个体的内容分享意愿有着更显著的影响作用。个体的情感性反应变现了个体依据自身的情感、情绪以及感受等状态，从而以本能化的反应状态来评估相关的营销内容。这部分情感性反应动机从而不局限于内容本身，直接导致了个体针对后续行为反应的立场。这表明，企业和营销者用户在以传播力为目的的内容生成设计，应当侧重于个体的情感性反应，注重内容的有趣性、娱乐性等元素。在内容的主题设置上，以美感、亲情以及感性等主题作为呈现的主要方式，从而更好地提升个体的营销内容分享

意愿。

最后，本书结果表明企业应该考虑到自身产品或服务属性所带来的个体在营销内容认知上的变化。基于产品分类的特点，体验型产品和服务的质量感知更多地取决于个体的主观体验和感受，是一种基于主观属性的评判；而搜索型产品和服务的质量感知更多地取决于相关客观的参数、性能等属性，通过二手资料个体也可以评估。企业家们应当注意到，相对搜索性产品而言，个体的认知性反应描述了个体针对内容功能性的评判，表现了与其内在需求的匹配程度，是一种功利方面的态度，即内容本身对于用户个体的价值表现，这表现了一种较高层级的认知过程，因此个体的认知性反应会在搜索性产品的背景下对于个体的营销内容的分享意愿有着更高影响效力。此外，个体的情感性反应对搜索型和体验型产品都有着基本相似的重要意义。这就使企业和营销者在内容的设计阶段就必须依据自身的目的对内容所要给个体带来的主要反应进行明确设定，从而更好地获得企业预期的推广效果。

参考文献

[1] Aaker, D. A., and Bruzzone, D. E. Causes of Irritation in Advertising [J]. The Journal of Marketing, 1985: 47 - 57.

[2] Adaval, R., and Wyer Jr, R. S. The Role of Narratives in Consumer Information Processing [J]. Journal of Consumer Psychology, 1988, 7 (3): 207 - 245.

[3] Agrawal, D. Effect of Brand Loyalty on Advertising and Trade Promotions: A Game Theoretic Analysis with Empirical Evidence [J]. Marketing Science, 1996, 15 (1): 86 - 108.

[4] Ajzen, I. The Theory of Planned Behavior [J]. Organizational Behavior and Human Decision Processes, 1991, 50 (2): 179 - 211.

[5] Ajzen, I., and Fisbbein, M. Factors Influencing Intentions and the Intention - Behavior Relation [J]. Human Relations, 1974, 27 (1): 1 - 15.

[6] Ajzen, I., and Madden, T. J. Prediction of Goal - Directed Behavior: Attitudes, Intentions, and Perceived Behavioral Control [J]. Journal of Experimental Social Psychology, 1986, 22 (5): 453 - 474.

[7] Alavi, M., and Leidner, D. E. Review: Knowledge Management and Knowledge Management Systems: Conceptual Foundations and Research Issues [J]. MIS Quarterly, 2001, 25 (1): 107 - 136.

[8] Aral, S. Creating Social Contagion through Viral Product Design: A Random-

ized Trial of Peer Influence in Networks [J]. Management Science, 2012, 57 (9): 1623 - 1639.

[9] Aral, S., Dellarocas, C., and Godes, D. Introduction to the Special Issue - Social Media and Business Transformation: A Framework for Research [J]. Information Systems Research, 2013, 24 (1): 3 - 13.

[10] Aral, S., and Walker, D. Identifying Influential and Susceptible Memembers of Social Networks [J]. Science, 2012, 337 (6092): 337 - 341.

[11] Bagozzi, R., and Yi, Y. On the Use of Structural Equation Models in Experimental Designs [J]. Journal of Marketing Research, 1989, 26 (3): 271 - 284.

[12] Bakshy, E., Eckles, D., Yan, R., and Resenn, I. Social Influence in Social Advertising: Evidence from Field Experiments [J]. 13th ACM Conference on Electronic Commerce, 2012: 146 - 161.

[13] Bandura, A. Social Cognitive Theory [J]. Thousand Oaks: Sage, 2012.

[14] Bar - Anan, Y., Liberman, N., and Trope, Y. The Association between Psychological Distance and Construal Level: Evidence from an Implicit Association Test [J]. Journal of Experimental Psychology: General, 2006, 135 (4): 609.

[15] Bauer, R. A., Greyser, S. A., Kanter, D. L., Weilbacher, W. M., Courtney, A. E., and Gale, C. Advertising in America: The Consumer View. Division of Research, Graduate School of Business Administration [J]. Harvard University Boston, 1968.

[16] Beatty, S. E., and Kahle, L. R. Alternative Hierarchies of the Attitude - Behavior Relationship: The Impact of Brand Commitment and Habit [J]. Journal of the Academy of Marketing Science, 1988, 16 (2): 1 - 10.

[17] Benlian, A., Titah, R., and Hess, T. Differential Effects of Provider Recommendations and Consumer Reviews in E - Commerce Transactions: An Experi-

mental Study [J]. Journal of Management Information Systems, 2012, 29 (1): 237-272.

[18] Berger, J., and Campell, J. G. What Drives Immediate and Ongoing Word of Mouth? [J]. Journal of Marketing Research, 2011, 48 (5): 869-880.

[19] Berger, J., and Iyengar, R. . Communication Channels and Word of Mouth: How the Medium Shapes the Message [J]. Journal of Consumer Research, 2013, 40 (3): 567-579.

[20] Bishop, M. M., and Peterson, M. The Impact of Medium Context on Bilingual Consumers' Responses to Code-Switched Advertising [J]. Journal of Advertising, 2010, 39 (3): 55-67.

[21] Blau, P. M. Exchange and Power in Social Life [M]. Transaction Publishers, 1964.

[22] Bock, G.-W., Zmud, R. W., Kim, Y.-G., and Lee, J.-N. Behavioral Intention Formation in Knowledge Sharing: Examining the Roles of Extrinsic Motivators, Social-Psychological Forces, and Organizational Climate [J]. MIS quarterly, 2005, 29 (1): 87-111.

[23] Bohns, V. K., Lucas, G. M., Molden, D. C., Finkel, E. J., Coolsen, M. K., Kumashiro, M., Rusbult, C. E., and Higgins, E. T. Opposites Fit: Regulatory Focus Complementarity and Relationship Well-Being [J]. Social Cognition, 2013, 31 (1): 1-14.

[24] Boldrini, C., and Passarella, A. Hcmm: Modelling Spatial and Temporal Properties of Human Mobility Driven by Users' Social Relationships [J]. Computer Communications, 2010, 33 (9): 1056-1074.

[25] Boroditsky, L. Metaphoric Structuring: Understanding Time through Spatial Metaphors [J]. Cognition, 2000, 75 (1): 1-28.

[26] Brandtzaeg, P. B., Luders, M., and Sjetne, J. H. Too Many Facebook "Friends"? Content Sharing and Sociability Versus the Need for Privacy in Social Network Sites [J]. International Journal of Human – Computer Interaction, 2010, 26: (11 – 12): 1006 – 1030.

[27] Brehm, J. W. Psychological Reactance – Theory and Applications [J]. Advances in Consumer Research, 1989 (16): 72 – 75.

[28] Brown, M. R., Bhadury, R. K., and Pope, N. K. L. The Impact of Comedic Violence on Viral Advertising Effectiveness [J]. Journal of Advertising, 2010, 39 (1): 49 – 66.

[29] Brown, T. J., and Rothschild, M. L. Reassessing the Impact of Television Advertising Clutter [J]. Journal of Consumer Research, 1993: 138 – 146.

[30] Broussard, Gerard. How advertising frequency can work to build online advertising effectiveness [J]. International Journal of Market Research, 2000, 42 (4): 439 – 457.

[31] Bryant, P., and Dunford, R. The Influence of Regulatory Focus on Risky Decision – Making [J]. Applied Psychology, 2008, 57 (2): 335 – 359.

[32] Camarero, C., and San José, R. Social and Attitudinal Determinants of Viral Marketing Dynamics [J]. Computers in Human Behavior, 2011, 27 (6): 2292 – 2300.

[33] Cameron, S. The Supply and Demand for Cinema Tickets: Some UK Evidence [J]. Journal of Cultural Economics, 1986, 10 (1): 38 – 62.

[34] Campbell, D. T., and Fiske, D. W. Convergent and Discriminant Validation by the Multitrait – Multimethod Matrix [J]. Psychological Bulletin, 1959, 56 (2): 81.

[35] Carmichael, D., and Cleave, D. How Effective is Social Media Advertising?

A Study of Facebook Social Advertisements [J]. in: IEEE ICITST - 2012, 2012: 226-229.

[36] Casasanto, D., and Boroditsky, L. Time in the Mind: Using Space to Think About Time [J]. Cognition, 2008, 106 (2): 579-593.

[37] Cenfetelli, R. T., and Bassellier, G. Interpretation of Formative Measurement in Information Systems Research [J]. MIS Quarterly, 2009, 33 (4): 689-707.

[38] Chai, S., Das, S., and Rao, H. R. Factors Affecting Bloggers' Knowledge Sharing: An Investigation Across Gender [J]. Journal of Management Information Systems, 2011, 28 (3): 309-342.

[39] Chaintreau, A., Hui, P., Crowcroft, J., Diot, C., Gass, R., and Scott, J. Impact of Human Mobility on Opportunistic Forwarding Algorithms [J]. Mobile Computing, IEEE Transactions on, 2007, 6 (6): 606-620.

[40] Chandon, P., Wansink, B., and Laurent, G. A Benefit Congruency Framework of Sales Promotion Effectiveness [J]. Journal of Marketing, 2000, 64 (4): 65-81.

[41] Chang, H. H., and Chuang, S. -S. Social Capital and Individual Motivations on Knowledge Sharing: Participant Involvement as a Moderator [J]. Information & Management, 2011, 48 (1): 9-18.

[42] Chen, C. -J., and Hung, S. -W. To Give or to Receive? Factors Influencing Members' Knowledge Sharing and Community Promotion in Professional Virtual Communities [J]. Information & Management, 2010, 47 (4): 226-236.

[43] Chen Fangfang, Jing Yiming, Lee Jeong Min. The Looks of a Leader: Competent and Trustworthy, but not Dominant [J]. Journal of Experimental Social Psychology, 2014 (51): 27-33.

[44] Chennamanei, A., Teng, J. T. C., and Raja, M. K. A Unified Model

of Knowledge Sharing Behaviours: Theoretical Development and Empirical Test [J]. Behaviour and Information Technology, 2012, 31 (1): 1097 – 1115.

[45] Cheung, C. M. K., and K. O., L. M. What Drives Consumers to Spread Electronic Word of Mouth in Online Consumer – Opinion Platforms [J]. Decision Support Systems, 2012, 53 (1): 218 – 225.

[46] Cheung, C. M. K., and Thadani, D. R. The Impact of Electronic Word – of – Mouth Communication: A Literature Analysis and Integrative Model [J]. Decision Support Systems, 2012, 54 (1): 461 – 470.

[47] Chevalier, J. A., and Mayzlin, D. The Effect of Word of Mouth on Sales: Online Book Reviews [J]. Journal of Marketing Research, 2006, 43 (3): 345 – 354.

[48] Chi, H. – H. Interactive Digital Advertising vs. Virtual Brand Community: Exploratory Study of User Motivation and Social Media Marketing Responses in Taiwan [J]. Journal of Interactive Advertising, 2011, 12 (1): 44 – 61.

[49] Chin, W. W. The Partial Least Squares Approach to Structural Equation Modeling [J]. Modern Methods for Business Research, 1998, 295 (2): 295 – 336.

[50] Chin, W. W., Marcolin, B. L., and Newsted, P. R. A Partial Least Squares Latent Variable Modeling Approach for Measuring Interaction Effects: Results from a Monte Carlo Simulation Study and an Electronic – Mail Emotion/Adoption Study [J]. Information Systems Research, 2003, 14 (2): 189 – 217.

[51] Chiu, C. – M. H., Meng – Hsiang; Wang, Eric, T. G. Understanding Knowledge Sharing in Virtual Communities: An Integration of Social Capital and Socal Cognitive Theories [J]. Decision Support Systems, 2006, 42 (2): 1872 – 1888.

[52] Choi, J., Jung, J., and Lee, S. – W. What Causes Users to Switch from a Local to a Global Social Network Site? The Cultural, Social, Economic, and Motiva-

tional Factors of Facebook ' s Globalization [J] . Computers in Human Behavior, 2013, 29 (6): 2665 -2673.

[53] Choi, S. Y. , Lee, H. , and Yoo, Y. The Impact of Information Technology and Transactive Memory Systems on Knowledge Sharing, Application, and Team Performance: A Field Study [J] . MIS Quarterly , 2010, 34 (4): 855 -870.

[54] Chow, W. S. , and Chan, L. S. Social Network, Social Trust and Shared Goals in Organizational Knowledge Sharing [J] . Information and Management, 2008, 45 (7): 458 -465.

[55] Chu, S. -C. Viral Advertising in Social Media Participation in Facebook Groups and Responses among College - Aged Users [J] . Journal of Interactive Advertising, 2011, 12 (1): 30 -43.

[56] Chu, S. -C. , and Kim, Y. Determinants of Consumer Engagement in Electronic Word - of - Mouth (Ewom) in Social Networking Sites [J] . International Journal of Advertising, 2011, 30 (1): 47 -75.

[57] Compeau, D. , Higgins, C. , A. , and Huff, S. Social Cognitive Theory and Individual Reactions to Computing Technology: A Longitudinal Study [J] . MIS Quarterly, 1999, 23 (2): 145 -158.

[58] Cook, T. D. , Campbell, D. T. , and Day, A. Quasi - Experimentation: Design & Analysis Issues for Field Settings [J] . Houghton Mifflin Boston, 1979.

[59] Craig, C. , and Douglas, S. International Marketing Research. Chichester, West Sussex [M] . UK: John Wiley & Sons, 2005.

[60] Cropanzano, R. , and Mitchell, M. S. Social Exchange Theory: An Interdisciplinary Review [M] . Journal of Management, 2005, 31 (6): 874 -900.

[61] Cyr D, Milena H, Hector L, etc. Exploring Human Images in Website Design: A Multi - Method Approach [J] . MIS Quarterly, 2009, 33 (3): 55 -59.

[62] Das, T. K., and Kumar, R. Regulatory Focus and Opportunism in the Alliance Development Process [J]. Journal of Management, 2010, 37 (3): 682-708.

[63] Davenport, T. H., and Prusak, L. Working Knowledge: How Organizations Manage What They Know [J]. Harvard Business Press, 1998.

[64] Davis, F. D., Bagozzi, R. P., and Warshaw, P. R. User Acceptance of Computer Technology: A Comparison of Two Theoretical Models [J]. Management Science, 1989, 35 (8): 982-1003.

[65] Delone, W. H., and McLean, E. R. The Delone and Mclean Model of Information Systems Success: A Ten-Year Update [J]. Journal of Management Information Systems, 2003, 19 (4): 9-30.

[66] Dhar, R., and Kim, E. Y. Seeing the Forest or the Trees: Implications of Construal Level Theory for Consumer Choice [J]. Journal of Consumer Psychology, 2007, 17 (2): 96-100.

[67] Dickinger, A., and Kleijnen, M. Coupons Going Wireless: Determinants of Consumer Intentions to Redeem Mobile Coupons [J]. Journal of Interactive Marketing, 2008, 22 (3): 23-39.

[68] Dijkstra, A., Rothman, A., and Pietersma, S. The Persuasive Effects of Framing Messages on Fruit and Vegetable Consumption According to Regulatory Focus Theory [J]. Psychology & Health, 2011, 26 (8): 1036-1048.

[69] Dobele, A., Lindgreen, A., Beverland, M., Vanhamme, J., and Van Wijk, R. Why Pass on Viral Messages? Because They Connect Emotionally [J]. Business Horizons, 2007, 50 (4): 291-304.

[70] Duan, W., Gu, B., and Whinstion, A. B. Do Online Reviews Matter? An Empirical Investigation of Panel Data [J]. Decision Support Systems, 2008, 45 (4): 1007-1016.

[71] Ducoffe, R. H. How Consumers Assess the Value of Advertising [J]. Journal of Current Issues & Research in Advertising, 1995, 17 (1): 1-18.

[72] Eckler, P., and Bolls, P. Spreading the Virus: Emotional Tone of Viral Advertising and Its Effect on Forwarding Intentions and Attitudes [J]. Journal of Interactive Advertising, 2011, 11 (2): 1-11.

[73] Edwards, S. M., Li, H., and Lee, J.-H. Forced Exposure and Psychological Reactance: Antecedents and Consequences of the Perceived Intrusiveness of Pop-up Ads [J]. Journal of Advertising, 2002, 31 (3): 83-95.

[74] Efran G. M. The Effect of Physical Appearance on the Judgment of Guilt, Interpersonal Attraction, and Severity of Recommended Punishment in a Simulated Jury task? [J]. Journal of Research in Personality, 1974, 8 (1): 45-54.

[75] Eisenberger, R., and Cameron, J. Detrimental Effects of Reward: Reality or Myth? [J]. American Psychologist, 1996, 51 (11): 1153.

[76] Eisenberger, R., Rhoades, L., and Cameron, J. Does Pay for Performance Increase or Decrease Perceived Self-Determination and Intrinsic Motivation? [J]. Journal of Personality and Social Psychology, 1999, 77 (5): 1026.

[77] Emerson, R. M. Social Exchange Theory [J]. Annual Review of Sociology, 1976, 2 (1): 335-362.

[78] Ert E., Fleischer A., Magen N. Trust and Reputation in the Sharing Economy: The Role of Personal Photos in Airbnb [J]. Tourism Management, 2016 (55): 62-73.

[79] Falk, R. F., and Miller, N. B. A Primer for Soft Modeling [M]. University of Akron Press, 1992.

[80] Feick, L. F., and Price, L. L. The Market Maven: A Diffuser of Marketplace Information [J]. The Journal of Marketing, 1987: 83-97.

［81］ Fiedler, K. Construal Level Theory as an Integrative Framework for Behavioral Decision – Making Research and Consumer Psychology ［J］. Journal of Consumer Psychology, 2007, 17 (2): 101 – 106.

［82］ Fischer, M., Vöckner, F., and Sattler, H. How Important Are Brands? A Cross – Category, Cross – Country Study ［J］. Journal of Marketing Research, 2010, 47 (5): 823 – 839.

［83］ Florack, A., Friese, M., and Scarablis, M. Regulatory Focus and Reliance on Implicit Preferences in Consumption Contexts ［J］. Journal of Consumer Psychology, 2010, 20 (2): 193 – 204.

［84］ Florack, A., Ineichen, S., and Bieri, R. The Impact of Regulatory Focus on the Effects of Two – Sided Advertising ［J］. Social Cognition, 2009, 27 (1): 37 – 56.

［85］ Fornell, C., and Bookstein, F. L. Two Structural Equation Models: Lisrel and Pls Applied to Consumer Exit – Voice Theory ［J］. Journal of Marketing Research, 1982, 19 (4): 440 – 452.

［86］ Freeman, J. B., and Ambady, N. A Dynamic Interactive Theory of Person Construal ［J］. Psychological Review, 2011, 118 (2): 247.

［87］ Frijda, N. H. Impulsive Action and Motivation ［J］. Biological Psychology, 2010, 84 (3): 570 – 579.

［88］ Fujita, K., Henderson, M. D., Eng, J., Trope, Y., and Liberman, N. Spatial Distance and Mental Construal of Social Events ［J］. Psychological Science, 2006, 17 (4): 278 – 282.

［89］ Gasimov, A., Sutanto, J., Phang, C., and Tan, C. – H. An Exploratory Field Experiment on Actual Usage of Discount Coupons ［J］. SIGHCI 2009 Proceedings, 2009: 9.

[90] Ghose, A., and Han, S. P. An Empirical Analysis of User Content Generation and Usage Behavior on the Mobile Internet [J]. Management Science, 2011, 57 (9): 1671 - 1691.

[91] Gilbert, D. T., and Wilson, T. D. Prospection: Experiencing the Future [J]. Science, 2007 (317): 1351 - 1354.

[92] Gino, F., and Margolis, J. D. Bringing Ethics into Focus: How Regulatory Focus and Risk Preferences Influence (Un) Ethical Behavior [J]. Organizational Behavior and Human Decision Processes, 2011, 115 (2): 145 - 156.

[93] Goh, K. - Y., Heng, C. - S., and Lin, Z. Social Media Brand Community and Consumer Behavior: Quantifying the Relative Impact of User - and Marketer - Generated Content [J]. Information Systems Research, 2013, 24 (1): 88 - 107.

[94] Gonzalez, M. C., Hidalgo, C. A., and Barabasi, A. - L. Understanding Individual Human Mobility Patterns [J]. Nature, 2008, 453 (7196): 779 - 782.

[95] Greyser, S. A. Irritation in Advertising [J]. Journal of Advertising Research, 1973, 13 (1): 3 - 10.

[96] Grose, A., and Ipeirotis, P. G. Estimating the Helpfulness and Economic Impact of Product Reviews: Mining Text and Reviewer Characteristics [J]. IEEE Transactions on Knowledge Data Engineerin, 2011, 23 (10): 1498 - 1512.

[97] Grubb, E. L., and Grathwohl, H. L. Consumer Self - Concept, Symbolism and Marketing Behavior: A Theoretical Approach [J]. Journal of Marketing, 1967, 31 (4) 22 - 27.

[98] Ha, L. Observations: Advertising Clutter in Consumer Magazines: Dimensions and Effects [J]. Journal of Advertising Research, 1996, 36 (4): 76 - 84.

[99] Hair, J. F., Ringle, C. M., and Sarstedt, M. Pls - Sem: Indeed a Silver Bullet [J]. The Journal of Marketing Theory and Practice, 2011, 19 (2): 139 - 152.

[100] Hamstra, M. R. W., van Yperren, N. W., Barbara, W., and Kai, S. Transformational – Transactional Leadership Styles and Followers' Regulatory Focus Fit Reduces Followers' Turnover Intentions [J]. Journal of Personnel Psychology, 2011, 10 (4): 182 – 186.

[101] Han, Y. J., Nunes, J. C., and Drèze, X. Signaling Status with Luxury Goods: The Role of Brand Prominence [J]. Journal of Marketing, 2010, 74 (4): 15 – 30.

[102] Hassanein, K., and Head, M. The Impact of Infusing Social Presence in the Web Interface: An Investigation across Product Types [J]. International Journal of Electronic Commerce, 2006, 10 (2): 31 – 55.

[103] Hau, Y. S., Kim, B., Lee, H. and Yong – Gul, K. The Effects of Individual Motivations and Social Captital on Employees' Tacit and Explicit Knowledge Sharing Intentions [J]. International Journal of Information Management, 2013, 33 (2): 356 – 366.

[104] He, W., and Wei, K. – K. What Drives Continued Knowledge Sharing? An Investigation of Knowledge – Contribution and – Seeking Beliefs [J]. Decision Support Systems, 2009, 46 (4): 826 – 838.

[105] Henderson, M. D., Fujita, K., Trope, Y., and Liberman, N. Transcending the Here: The Effect of Spatial Distance on Social Judgment [J]. Journal of Personality and Social Psychology, 2006, 91 (5): 845.

[106] Henderson, R., and Divett, M. J. Perceived Usefulness, Ease of Use and Electronic Supermarket Use [J]. International Journal of Human – Computer Studies, 2003, 59 (3): 383 – 395.

[107] Henderson, T., Kotz, D., and Abyzov, I. The Changing Usage of a Mature Campus – Wide Wireless Network [J]. Computer Networks, 2008, 52

(14): 2690 -2712.

[108] Henseler, J., and Fassott, G. Testing Moderating Effects in Pls Path Models: An Illustration of Available Procedures [M]. in Handbook of Partial Least Squares. Springer, 2010: 713 -735.

[109] Hertwig, R., Barron, G., Weber, E. U., and Erev, I. Decisions from Experience and the Effect of Rare Events in Risky Choice [J]. Psychological Science, 2004, 15 (8): 534 -539.

[110] Higgins, E. T. Beyond Pleasure and Pain [J]. American psychologist, 1997, 52 (12): 1280 -1300.

[111] Higgins, E. T., Friedman, R. S., Harlow, R. E., Idson, L. C., Ayduk, O. N., and Taylor, A. Achievement Orientations from Subjective Histories of Success: Promotion Pride Versus Prevention Pride [J]. European Journal of Social Psychology, 2001, 31 (1): 3 -23.

[112] Higgins, E. T., Idson, L. C., Freitas, A. L., Spiegel, S., and Molden, D. C. Transfer of Value from Fit [J]. Journal of Personality and Social Psychology, 2003, 84 (6): 1140 -1153.

[113] Hill, R. P., and Moran, N. Social Marketing Meets Interactive Media Lessons for the Advertising Community [J]. International Journal of Advertising, 2011, 30 (5): 815 -838.

[114] Hinz, O., Skiera, B., Barrot, C., and Becker, J. Seeding Strategies for Viral Marketing: An Empirical Comparison [J]. Journal of Marketing, 2011, 75 (6): 55 -71.

[115] Hoadley C. M., Xu H., Lee J. J., et al. Privacy as information Access and Illusory Control: The Case of the Facebook News Feed privacy outcry [J]. Electronic Commerce Research and Applications, 2010, 9 (1): 50 -60.

[116] Holbrook, M. B. Beyond Attitude Structure: Toward the Informational Determinants of Attitude [J]. Journal of Marketing Research, 1978: 545 - 556.

[117] Hsiao, C. H., and Yang, C. The Intellectual Development of the Technology Acceptance Model: A Co - Citation Analysis [J]. International Journal of Information Management, 2011, 31 (2): 128 - 136.

[118] Hsu, C. - L., and Lin, J. C. - C. Acceptance of Blog Usage: The Roles of Technology Acceptance [J]. Social Influence and Knowledge Sharing Motivation, Information & Management, 2008, 45 (1): 65 - 74.

[119] Hsu, T. - H., Wang, Y. - S. and Wen, S. - C. Using the Decomposed Theory of Planning Behavioural to Analyse Consumer Behavioural Intention Towards Mobile Text Message Coupons [J]. Journal of Targeting, Measurement and Analysis for Marketing, 2006, 14 (4): 309 - 324.

[120] Hsu, W. - j., Spyropoulos, T., Psounis, K. and Helmy, A. Modeling Time - Variant User Mobility in Wireless Mobile Networks, INFOCOM 2007. 26th IEEE International Conference on Computer Communications [M]. IEEE, 2007: 758 - 766.

[121] Im, H., and Ha, Y. Who Are the Users of Mobile Coupons? A Profile of Us Consumers [J]. Journal of Research in Interactive Marketing, 2012, 6 (3): 215 - 232.

[122] Jadin, T., Gnambs, T., and Batinic, B. Personality Traits and Knowledge Sharing in Online Communities [J]. Computers in Human Behavior, 2013, 29 (1): 210 - 216.

[123] Jansen, B. J., Zhang, M., Sobel, K., and Chowdury, A. Twitter Power: Tweets as Electronic Word of Mouth [J]. Journal of the American Society for Information Science and Technology, 2009, 60 (11): 2169 - 2188.

[124] Jayasingh, S., and Eze, U. C. An Empirical Analysis of Consumer Behavioral Intention toward Mobile Coupons in Malaysia [J]. International Journal of Business and Information, 2009, 4 (2): 221 - 242.

[125] Johnson, R. E., Chang, C. - H., and Yang, L. - Q. Commitment and Motivation at Work: The Relevance of Employee Identity and Regulatory Foucs [J]. Academy of Management Review, 2010, 35 (2): 226 - 245.

[126] Kairam, S., Brzozowski, M., Huffaker, D., and Chi, E. Talking in Circles: Selective Sharing in Google + [J]. Proceedings of the SIGCHI Conference on Human Factors in Computing Systems: ACM, 2012: 1065 - 1074.

[127] Kale, P., Singh, H., and Perlmutter, H. Learning and Protection of Proprietary Assets in Strategic Alliances: Building Relational Capital [J]. Strategic Management Journal, 2000, 21 (3): 217 - 237.

[128] Kane, G. C., Alavi, M., Labianca, G., and Borgatti, S. P. What's Different About Social Media Networks? A Framework and Research Agenda [J]. MIS Quarterly, 2014, 38 (1): 275 - 304.

[129] Kang, H., Hahn, M., Fortin, D. R., Hyun, Y. J. and Eom, Y. Effects of Perceived Behavioral Control on the Consumer Usage Intention of E - Coupons [J]. Psychology and Marketing, 2006a, 23 (10): 841 - 864.

[130] Kang, H., Hahn, M., Fortin, D. R., Hyun, Y. J., and Eom, Y. Effects of Perceived Behavioral Control on the Consumer Usage Intention of E - Coupons [J]. Psychology and Marketing, 2006b, 23 (10): 841 - 864.

[131] Kankanhalli, A., Tan, B. C., and Wei, K. - K. Contributing Knowledge to Electronic Knowledge Repositories: An Empirical Investigation [J]. MIS Quarterly, 2005, 29 (1): 113 - 143.

[132] Kaplan, A. M., and Haenlein, M. Users of the World, Unite! The

Challenges and Opportunities of Social Media [J] . Business Horizons, 2010a, 53 (1): 59 -68.

[133] Kelly, L. , Ken, G. , and Drennan. Avoidance of Advertising in Social Networking Sites [J] . Journal of Interactive Advertising, 2013, 10 (2): 16 -27.

[134] Kim, A. J. , and Ko, E. Do Social Media Marketing Activities Enhance Customer Equity? An Empirical Study of Luxury Fashion Brand [J] . Journal of Business Research, 2012, 65 (10): 1480 -1486.

[135] Kirmani, A. , and Zhu, R. Vigilant against Manipulation: The Effect of Regulatory Focus on the Use of Persuasion Knowledge [J] . Journal of Marketing Research, 2007, 44 (4): 688 -701.

[136] Kiron, D. , Palmer, D. , Phillips, A. N. , and Kruschwitz, N. Social Business: What Are Companies Really Doing [J] . MIT Sloan Management Review, 2012, 54 (3): 1 -29.

[137] Kivetz, R. , and Simonson, I. The Effects of Incomplete Information on Consumer Choice [J] . Journal of Marketing Research, 2000, 37 (4): 427 -448.

[138] Klein, L. R. Evaluating the Potential of Interactive Media through a New Lens: Search Versus Experience Goods [J] . Journal of Business Research, 1998, 41 (3): 195 -203.

[139] Kozinets, R. V. , De Valck, K. , Wojnicki, A. C. , and Wilner, S. J. Networked Narratives: Understanding Word - of - Mouth Marketing in Online Communities [J] . Journal of Marketing, 2010, 74 (2): 71 -89.

[140] Kwak, H. , Lee, C. , Park, H. , and Moon, S. What Is Twitter, a Social Network or a News Media? [J] . Proceedings of the 19th International Conference on World Wide Web: ACM, 2010: 591 -600.

[141] Lance, P. , and Guy J, G. From Subservient Chickens to Brawny Men:

A Comparison of Viral Advertising to Television Advertising [J]. Journal of Interactive Advertising, 2006, 6 (2): 4-33.

[142] Langlois H. J and Roggman A. L. Attractive Faces are Only Average [J]. Psychological, Science, 1990, 1 (2): 115-121.

[143] Lee, A. Y., Keller, P. A., and Sternthal, B. Value from Regulatory Construal Fit: The Persuasive Impact of Fit between Consumer Goals and Message Concreteness [J]. Journal of Consumer Research, 2010, 36 (5): 735-747.

[144] Lee, C. S. and Ma, L. News Sharing in Social Media: The Effect of Gratifications and Prior Experience [J]. Computers in Human Behavior, 2012, 28 (2): 331-339.

[145] Lee, Y., and Chen, A. N. Usability Design and Psychological Ownership of a Virtual World [J]. Journal of Management Information Systems, 2011, 28 (3): 269-308.

[146] Lee, Y., Chen, A. N., and Ilie, V. Can Online Wait Be Managed? The Effect of Filler Interfaces and Presentation Modes on Perceived Waiting Time Online [J]. MIS Quarterly, 2012, 36 (2): 365-394.

[147] Leventhal G. and Krate R. Physical Attractiveness and Severity of Sentencing [J]. Psychological Reports, 1977, 40 (1): 315-318.

[148] LI, X., Hitt, L. M., and Zhang, Z. J. Product Reviews and Competition in Markets for Repeat Purchase Products [J]. Journal of Management Information Systems, 2011, 27: (4): 9-41.

[149] Li, Y.-M., Lee, Y.-L., and Lien, N.-J. Online Social Advertising Via Influential Endorsers [J]. International Journal of Electronic Commerce, 2012, 16 (3): 119-154.

[150] Li, Y.-M., and Shiu, Y.-L. A Diffusion Mechanism for Social Ad-

vertising over Microblogs [J]. Decision Support Systems, 2012, 54 (1): 9-22.

[151] Liang, H., Saraf, N., Hu, Q., and Xue, Y. Assimilation of Enterprise Systems: The Effect of Institutional Pressures and the Mediating Role of Top Management [J]. MIS Quarterly, 2007, 31 (1): 59-87.

[152] Liberman, N., and Trope, Y. The Role of Feasibility and Desirability Considerations in near and Distant Future Decisions: A Test of Temporal Construal Theory [J]. Journal of Personality and Social Psychology, 1998, 75 (1): 5-18.

[153] Liberman, N. and Trope, Y. The Psychology of Transcending the Here and Now [J]. Science, 2008, 322 (5905): 1201-1205.

[154] Limayem, M., Hirt, S. G., and Cheung, C. M. K. How Habit Limits the Predictive Power of Intention: The Case of Information Systems Continuance [J]. MIS Quarterly, 2007, 31 (4): 705-737.

[155] Lin, M.-J. J., Hung, S.-W., and Chen, C.-J. Fostering the Determinants of Knowledge Sharing in Professional Virtual Communities [J]. Computers in Human Behavior, 2009, 25 (4): 929-939.

[156] Liu, Y. Word of Mouth for Movies: Its Dynamics and Impact on Box Office Revenue [J]. Journal of Marketing, 2006, 70 (3): 74-89.

[157] Liviatan, I., Trope, Y., and Liberman, N. Interpersonal Similarity as a Social Distance Dimension: Implications for Perception of Others' Actions [J]. Journal of Experimental Social Psychology, 2008, 44 (5): 1256-1269.

[158] Lovett, M. J., Peres, R., and Shachar, R. On Brands and Word of Mouth [J]. Journal of Marketing Research, 2013, 50 (4): 427-444.

[159] lu, X., Ba, S., Huang, L., and Feng, Y. Promotional Marketing or Word-of-Mouth? Evidence from Online Restaurant Reviews [J]. Information Systems Research, 2013, 24 (3): 596-612.

[160] Lyons, B., and Henderson, K. Opinion Leadership in a Computer – Mediated Environment [J]. Journal of Consumer Behaviour, 2005, 4 (5): 319 – 329.

[161] Mazis, M. B. Antipollution Measures and Psychological Reactance Theory: A Field Experiment [J]. Journal of Personality and Social Psychology, 1975, 31 (4): 654.

[162] McElroy, J. C., Hendrickson, A. R., Townsend, A. M. and DeMarie, S. M. Dispositional Factors in Internet Use: Personality Versus Cognitive Style [J]. MIS Quarterly, 2007: 809 – 820.

[163] McGuire, W. J. Psychological Motives and Communication Gratification [J]. The Uses of Mass Communications: Current Perspectives on Gratifications Research, 1974 (3): 167 – 196.

[164] Mudambi, S. M., and Schuff, D. What Makes a Helpful Online Review? A Study of Customer Reviews on Amazon [J]. Com, Management Information Systems Quarterly, 2010, 34 (1): 185 – 200.

[165] Muehling, Darrel D. An Investigation of Factors Underlying Attitude – Toward – Advertising – in – General [J]. Journal of Advertising, 1987, 16 (1): 32 – 40.

[166] Muk, A. Perceptions of Mobile Coupons: A Cross – National Study, Journal of Direct [J]. Data and Digital Marketing Practice, 2012, 13 (4): 311 – 324.

[167] Murphy, G. L. The Big Book of Concepts [M]. MIT Press, 2004.

[168] Muthén, L. K., and Muthén, B. O. Statistical Analysis with Latent Variables [J]. Los Angeles: Muthén & Muthén, 2001.

[169] Nahapiet, J., and Ghoshal, S. Social Capital, Intellectual Capital, and the Organizational Advantage [J]. Academy of Management Review, 1998, 23 (2): 242 – 266.

[170] Naik, P. A., Mantrala, M. K., and Sawyer, A. G. Planning Media

Schedules in the Presence of Dynamic Advertising Quality [J] . Marketing Science, 1998, 17 (3): 214 -235.

[171] Naylor, R. W., Lamberton, C. P., and West, P. M. Beyond the "Like" Button: The Impact of Mere Virtual Presence on Brand Evaluations and Purchase Intentions in Social Media Settings [J] . Journal of Marketing, 2012, 76 (6): 105 -120.

[172] Nelson, P. Information and Consumer Behavior [J] . The Journal of Political Economy, 1970, 78 (2): 311 -329.

[173] Newman, M. E., and Park, J. Why Social Networks Are Different from Other Types of Networks [J] . Physical Review, 2003, 68 (3): 1 -9.

[174] Nunnally, J. C., Bernstein, I. H., and Berge, J. M. T. Psychometric Theory [M] . McGraw - Hill New York, 1967.

[175] Oh, L. -B., and Teo, H. -H. Consumer Value Co - Creation in a Hybrid Commerce Service - Delivery System [J] . International Journal of Electronic Commerce, 2010, 14 (3): 35 -62.

[176] Okazaki, S., and Taylor, C. R. Social Media and International Advertising: Theoretical Challenges and Future Directions [J] . International Marketing Review, 2013, 30 (1): 56 -71.

[177] Park J, Lennon J. S, Stoel L. On - line Product Presentation: Effects on Mood, Perceived Risk, and Purchase Intention, Psychology and Marketing [J] . September, 2005, 22 (9): 695 -719

[178] Park, C. W. and McClung, G. W. The Effect of Tv Program Involvement on Involvement with Commercials [J] . Advances in Consumer Research, 1986, 13 (1): 544 -548.

[179] Park, C. W., and Young, S. M. Consumer Response to Television

Commercials: The Impact of Involvement and Background Music on Brand Attitude Formation [J]. Journal of Marketing Research (JMR), 1986, 23 (1): 11-24.

[180] Pavlou, P. A., and Fygenson, M. Understanding and Predicting Electronic Commerce Adoption: An Extension of the Theory of Planned Behavior [J]. MIS Quarterly, 2006: 115-143.

[181] Pazda D. A., Thorstenson A. C, Elliot J. A, etc. Women's Facial Redness Increases their Perceived Attractiveness: Mediation Through Perceived Healthiness [J]. Perception, 2016, 45 (7): 739-754.

[182] Pedersen, P. E. Adoption of Mobile Internet Services: An Exploratory Study of Mobile Commerce Early Adopters [J]. Journal of Organizational Computing and Electronic Commerce, 2005, 15 (3): 203-222.

[183] Perugini, M., and Mark, C. Predicting and Understanding Behavioral Volitions: The Interplay between Goals and Behaviors [J]. European Journal of Social Psychology, 2000, 30 (5): 705-731.

[184] Pham, M. T., and Chang, H. H. Regulatory Focus, Regulatory Fit, and the Search and Consideration of Choice Alternatives [J]. Journal of Consumer Research, 2010, 37 (4): 626-640.

[185] Pierce, J. L., Kostova, T., and Dirks, K. T. The State of Psychological Ownership: Integrating and Extending a Century of Research [J]. Review of General Psychology, 2003, 7 (1): 84-107.

[186] Podsakoff, P. M., MacKenzie, S. B., Lee, J.-Y., and Podsakoff, N. P. Common Method Biases in Behavioral Research: A Critical Review of the Literature and Recommended Remedies [J]. Journal of Applied Psychology, 2003, 88 (5): 879-903.

[187] Poncin, I., and Derbaix, C. Commercials as Context for Other Commer-

cials [J] . Journal of Advertising, 2009, 38 (3): 33 – 50.

[188] Porter, C. E., and Donthu, N. Cultivating Trust and Harvesting Value in Virtual Communities [J] . Management Science, 2008, 54 (1): 113 – 128.

[189] Pronin, E. How We See Ourselves and How We See Others [J] . Science, 2008, 320 (5880): 1177 – 1180.

[190] Ray S., Kim S. S, Morris J. G. The Central Role of Engagement in Online Communities [J] . INFORMS, 2014, 25 (3): 528 – 546.

[191] Renzl, B. Trust in Management and Knowledge Sharing: The Mediating Effects of Fear and Knowledge Documentation [J] . Omega, 2008, 36 (2): 206 – 220.

[192] Rhee, I., Shin, M., Hong, S., Lee, K., Kim, S. J., and Chong, S. On the Levy – Walk Nature of Human Mobility [J] . IEEE/ACM Transactions on Networking (TON), 2011, 19 (3): 630 – 643.

[193] Riegelsberger J., Sasse M. A., McCarthy D. J. Shiny Happy People Building Trust? [J] . Proceedings of the SIGCHI Conference on Human Factors in Computing Systems, 2003 (4): 121 – 128.

[194] Rosenberg, M. J. Cognitive Structure and Attitudinal Affect [J] . The Journal of Abnormal and Social Psychology, 1956, 53 (3): 367 – 372.

[195] Roy, R., and Ng, S. Regulatory Focus and Preference Reversal between Hedonic and Utilitarian Consumption [J] . Journal of Consumer Behaviour, 2012, 11 (1): 81 – 88.

[196] Rule O. N., Krendl C. A., Ivcevic Z., etc. Accuracy and Consensus in Judgments of Trustworthiness from Faces: Behavioral and Neural Correlates [J] . Journal of Personality and Social Psychology, 2013, 104 (3): 409 – 426.

[197] Sagristano, M. D., Trope, Y., and Liberman, N. Time – Dependent

Gambling: Odds Now, Money Later [J]. Journal of Experimental Psychology: General, 2002, 131 (3): 364 - 376.

[198] Scellato, S., Noulas, A., Lambiotte, R., and Mascolo, C. Socio - Spatial Properties of Online Location - Based Social Networks [C]. In Fifth International AAAI Conference on Webbogs and social Media, 2011, (11): 329 - 336.

[199] See - To, E. W. K., and Ho, K. K. W. Value Co - Creation and Purchase Intention in Social Network Sites: The Role of Electronic Word - of - Mouth and Trust - a Theoretical Analysis [J]. Computers in Human Behavior, 2014, 31 (2): 182 - 189.

[200] Senecal, S., and Nantel, J. The Influence of Online Product Recommendations on Consumers' Online Choices [J]. Journal of Retailing, 2004, 80 (2): 159 - 169.

[201] Shankar, V., Venkatesh, A., Hofacker, C., and Naik, P. Mobile Marketing in the Retailing Environment: Current Insights and Future Research Avenues [J]. Journal of Interactive Marketing, 2010, 24 (2): 111 - 120.

[202] Shi, Z., Rui, H., and Whinston, A. B. Content Sharing in a Social Broadcasting Environment: Evidence from Twitter [J]. Manageiment In formation systems Quarterly, 2014, 38 (1): 123 - 142.

[203] Shimp, T., and Andrews, J. C. Advertising Promotion and Other Aspects of Integrated Marketing Communications [M]. Cengage Learning, 2013.

[204] Sia, C. L., Lim, K. H., Leung, K., Lee, M. K., Huang, W. W., and Benbasat, I. Web Strategies to Promote Internet Shopping: Is Cultural - Customization Needed? [J]. Management Information Systems Quarterly, 2013, 33 (3): 6.

[205] Silvis, J., Niemeier, D., and D' Souza, R. Social Networks and Trav-

el Behavior: Report from an Integrated Travel Diary [C] . 11th International Conference on Travel Behaviour Reserach, Kyoto, 2006.

[206] Smelser, N. J. , and Swedberg, R. The Handbook of Economic Sociology [M] . Princeton University Press, 2010.

[207] Smith, A. N. , Fischer, E. , and Yongjian, C. How Does Brand - Related User - Generated Content Differ across Youtube, Facebook, and Twitter? [J] . Journal of Interactive Marketing, 2012, 26 (2): 102 - 113.

[208] Smith, P. K. , and Trope, Y. You Focus on the Forest When You' re in Charge of the Trees: Power Priming and Abstract Information Processing [J] . Journal of Personality and Social Psychology, 2006, 90 (4): 578 - 596.

[209] Sobel, M. E. Asymptotic Confidence Intervals for Indirect Effects in Structural Equation Models [J] . Sociological Methodology, 1982, 13 (1982): 290 - 312.

[210] Sofer C. , Dotsch R. , Wigboldus H. J. D. , etc. What is typical is good: The influence of face typicality on perceived trustworthiness, Psychological Science [J] . January, 2015, 26 (1): 39 - 47.

[211] Stam, D. , Knippenberg, D. v. , and Wisse, B. Focusing on Followers: The Role of Regulatory Focus and Possible Selves in Visionary Leadership [J] . The Leadership Quarterly, 2010, 21 (3): 457 - 468.

[212] Stephan, E. , Liberman, N. , and Trope, Y. Politeness and Psychological Distance: A Construal Level Perspective [J] . Journal of Personality and Social Psychology, 2010, 98 (2): 268 - 280.

[213] Sun, Y. , Fang, Y. , Lim, K. H. , and Straub, D. User Satisfaction with Information Technology Service Delivery: A Social Capital Perspective [J] . Information Systems Research, 2012, 23 (4): 1195 - 1211.

[214] Swift, A. Americans Say Social Media Have Little Sway on Purchases,

Gallup Economy) [EB/OL]. http://www.gallup.com/poll/171785/americans - say - social - media - little - effect - buying - decisions.aspx, 2014.

[215] Tang, T., Fang, E., and Wang, F. Is Neutral Really Neutral? The Effects of Neutral User - Generated Content on Product Sales [J]. Journal of Advertising, 2014, 78 (4): 41 - 58.

[216] Taylor, D. G., Lewin, J. E., and Strutton, D. Friends, Fans, and Followers: Do Ads Work on Social Networks? [J]. Journal of Advertising Research, 2011, 51 (1): 258 - 275.

[217] Todorov A., Baron G. S., Oosterhof N. N. Evaluating face Trustworthiness: A Model Based Approach [J]. Social Cognitive and Affective Neuroscience, 2008, 3 (3): 119 - 127.

[218] Touryan, S. R., Johnson, M. K., Mitchell, K. J., Farb, N., Cunningham, W. A., and Raye, C. L. The Influence of Self - Regulatory Focus on Encoding of, and Memory for, Emotional Words [J]. Social Neuroscience, 2007, 2 (1): 14 - 27.

[219] Trauth, E. M., and Howcroft, D. Critical Empirical Research in Is: An Example of Gender and the It Workforce [J]. Information Technology & People, 2006, 19 (3): 272 - 292.

[220] Trope, Y., and Liberman, N. Temporal Construal [J]. Psychological Review, 2003, 110 (3): 403 - 421.

[221] Trope, Y., and Liberman, N. Construal - Level Theory of Psychological Distance [J]. Psychological Review, 2010, 117 (2): 440 - 463.

[222] Trusov, M., Bucklin, R. E., and Pauwels, K. Effects of Word - of - Mouth Versus Traditional Marketing: Findings from an Internet Social Networking Site [J]. Journal of Marketing, 2009, 73 (5): 90 - 102.

［223］ Tsai, W., and Ghoshal, S. Social Capital and Value Creation: The Role of Intrafirm Networks ［J］. Academy of Management Journal, 1998, 41 (4): 464 - 476.

［224］ Tsang, M. M., Ho, S. - C., and Liang, T. - P. Consumer Attitudes toward Mobile Advertising: An Empirical Study ［J］. International Journal of Electronic Commerce, 2004, 8 (3): 65 - 78.

［225］ Tucker, C. E. The Economics of Advertising and Privacy ［J］. International journal of Industrial Organization, 2012, 30 (3): 326 - 329.

［226］ Tucker, C. E. Social Networks, Personalized Advertising, and Privacy Controls ［J］. Journal of Marketing Research, 2014, 51 (5): 546 - 562.

［227］ Valaei N., Rezaei S., Ismail W. K. W., et al. The effect of Culture on Attitude Towards Online Advertising and Online Brands: Applying Hofstede's Cultural Factors to Internet Marketing ［J］. International Journal of Internet Marketing and Advertising, 2016, 10 (4): 270 - 301.

［228］ Van - Tien Dao, W., Nhat Hanh Le, A., Ming - Sung Cheng, J., and Chao Chen, D. Social Media Advertising Value: The Case of Transitional Economies in Southeast Asia ［J］. International Journal of Advertising, 2014, 33 (2): 271 - 294.

［229］ Van Der Heijden, H. On the Cognitive - Affective Structure of Attitudes toward Information Systems ［M］. ICIS: Citeseer, 2002, 81.

［230］ Van Noort, G., Kerkhof, P., and Fennis, B. M. Online Versus Conventional Shopping: Consumers' Risk Perception and Regulatory Focus ［J］. Cyber-Psychology & Behavior, 2007, 10 (5): 731 - 733.

［231］ Venkatesh, V. and Bala, H. Technology Acceptance Model 3 and a Research Agenda on Interventions ［J］. Decision Sciences, 2008, 39 (2): 273 - 315.

[232] Venkatesh, V., Morris, M. G., Davis, G. B., and Davis, F. D. User Acceptance of Information Technology: Toward a Unified View [J]. MIS Quarterly, 2003, 27 (3): 425-478.

[233] Vries, L. d., Gensler, S., and Leeflang, P. S. H. Popularity of Brand Posts on Brand Fan Pages: An Investigation of the Effects of Social Media Marketing [J]. Journal of Interactive Advertising, 2012, 26 (2): 83-91.

[234] Wakslak, C., and Trope, Y. The Effect of Contrual Level on Subjective Probability Estimates [J]. Psychological Science, 2009, 20 (1): 52-58.

[235] Walsh, G., and Mitchell, V.-W. The Effect of Consumer Confusion Proneness on Word of Mouth, Trust, and Customer Satisfaction [J]. European Journal of Marketing, 2010, 44 (6): 838-859.

[236] Wang, C., and Zhang, P. The Evolution of Social Commerce: The People, Management, Technology, and Information Dimensions [J]. Communications of the Association for Information Systems, 2012, 31 (5): 1-23.

[237] Wang Tingting, Mo Lei, Mo Ce, etc. Is moral beauty different from facial beauty? Evidence from an fMRI study [J]. Social Cognitive and Affective Neuroscience, 2015, 10 (6): 814-823.

[238] Wang, W., and Benbasat, I. Interactive Decision Aids for Consumer Decision Making in E-Commerce: The Influence of Perceived Strategy Restrictiveness [J]. MIS Quarterly, 2009, 33 (2): 6.

[239] Wasko, M. M., and Faraj, S. Why Should I Share? Examining Social Capital and Knowledge Contribution in Electronic Networks of Practice [J]. MIS Quarterly, 2005, 29 (1): 35-57.

[240] Weathers, D., Sharma, S., and Wood, S. L. Effects of Online Communication Practices on Consumer Perceptions of Performance Uncertainty for Search

and Experience Goods [J]. Journal of Retailing, 2007, 83 (4): 393 – 401.

[241] Weiser, E. B. Gender Differences in Internet Use Patterns and Internet Application Preferences: A Two – Sample Comparison [J]. CyberPsychology and Behavior, 2000, 3 (2): 167 – 178.

[242] Wentzel, D., Tomczak, T., and Herrmann, A. The Moderating Effect of Manipulative Intent and Cognitive Resources on the Evaluation of Narrative Ads [J]. Psychology & Marketing, 2010, 27 (5): 510 – 530.

[243] White, A. E., Johnson, K. A., and Kwan, V. S. Four Ways to Infect Me: Spatial, Temporal, Social, and Probability Distance Influence Evaluations of Disease Threat [J]. Social Cognition, 2014, 32 (3): 239 – 255.

[244] Williams, L. J., Edwards, J. R., and Vandenberg, R. J. Recent Advances in Causal Modeling Methods for Organizational and Management Research [J]. Journal of Management, 2003, 29 (6): 903 – 936.

[245] Willis J., and Todorov A. First Impressions: Making up Your Mind after A 100 ms Exposure to a Face [J]. Psychological Science, 2006, 17 (7): 592 – 598.

[246] Winterheld, H. A., and Simpson, J. A. Seeking Security or Growth: A Regulatory Focus Perspective on Motivations in Romantic Relationships [J]. Journal of Personality and Social Psychology, 2011, 101 (5): 935.

[247] Worthy, D. A., Markman, A. B., and Maddox, W. T. What is Pressure? Evidence for Social Pressure as a Type of Regulatory Focus [J]. Psychonomic Bulletin & Review, 2009, 16 (2): 344 – 349.

[248] Wright, E., Khanfar, N. M., Harrington, C., and Kizer, L. E. The Lasting Effects of Social Media Trends on Advertising [J]. Journal of Business & Economics Research (JBER), 2010, 8 (11): 73 – 80.

[249] Xu, H., Oh, L. – B., and Teo, H. – H. Perceived Effectiveness of

Text Vs. Multimedia Location - Based Advertising Messaging [J]. International Journal of Mobile Communications, 2009, 7 (2): 154 - 177.

[250] Yoo, C. Y. Branding Potentials of Keyword Search Ads: The Effects of Ad Rankings on Brand Recognition and Evaluations [J]. Journal of Advertising, 2014, 43 (1): 85 - 99.

[251] Zaichkowsky, J. L. The Personal Involvement Inventory: Reduction, Revision, and Application to Advertising [J]. Journal of Advertising, 1994, 23 (4): 59 - 70.

[252] Zeng, X., and Wei, L. Social Ties and User Content Generation: Evidence from Flickr [J]. Information Systems Research, 2013, 24 (1): 71 - 87.

[253] Zhang, J. Q., Craciun, G., and Shin, D. When Does Electronic Word - of - Mouth Matter? A Study of Consumer Product Reviews [J]. Journal of Business Research, 2010, 63 (12): 1336 - 1341.

[254] Zhang, K., and Kizilcec, R. F. Anonymity in Social Media: Effects of Content Controversiality and Social Endorsement on Sharing Behavior [J]. The 8th International AAAI Conference, 2014.

[255] Zhang, Y., Feick, L., and Mittal, V. How Males and Females Differ in Their Likelihood of Transmitting Negative Word of Mouth [J]. Journal of Consumer Research, 2014, 40 (6): 1097 - 1108.

[256] Zhang, Y., and Mittal, V. The Attractiveness of Enriched and Impoverished Options: Culture, Self - Construal, and Regulatory Focus [J]. Personality and Social Psychology Bulletin, 2007, 33 (4): 588 - 598.

[257] Zhao, X. R., and Namasivayam, K. The Relationship of Chronic Regulatory Focus to Work - Family Conflict and Job Satisfaction [J]. International Journal of Hospitality Management, 2012, 31 (2): 458 - 467.

［258］Zhou，K. Z.，and Li，C. B. How Knowledge Affects Radical Inovation：Knowledge Base，Market Knowledge Acquisition，and Internal Knowledge Sharing［J］. Strategic Management Journal，2012，33（9）：1090－1102.

［259］Zhu，F.，and Zhang，X. The Influence of Online Consumer Reviews on the Demand for Experience Goods：The Case of Video Games［M］. ICIS 2006 Proceedings，2006：25.

［260］于春玲，王霞，包呼和．奖励推荐计划口碑对接收者的影响［J］．南开管理评论，2011（4）：59－68.

［261］刘红艳，李爱梅，王海忠，卫海英．不同促销方式对产品购买决策的影响——基于解释水平理论视角的研究［J］．心理学报，2012，44（8）：1100－1113.

［262］姚慧丽，钟春芳．移动银行使用行为多因素模型与影响分析［J］．苏州大学学报（哲学社会科学版），2011，32（1）：115－118.

［263］徐惊蛰，谢晓非．解释水平视角下的自己—他人决策差异［J］．心理学报，2011，43（1）：11－20.

［264］慕银平．交叉折扣券面值与产品定价联合决策研究［J］．管理学报，2011，8（6）：885－889.

［265］李晓娥．Sns 社交网站信息分享行为的影响因素［J］．媒体时代，2011（4）：18－21.

［266］李林容，黎薇．微博的文化特性及传播价值［J］．当代传播，2011（1）：22－25.

［267］李枫林，周莎莎．虚拟社区信息分享行为研究［J］．图书情报工作，2011，55（20）：48－51.

［268］李金阳．社会交换理论视角下虚拟社区知识共享行为研究［J］．情报科学，2013，31（4）：119－123.

[269] 杜伟宇，蒋运霞．消费者的解释水平对其选择偏好的影响 [J]．心理研究，2014，7（1）：15－22.

[270] 江友农．B2C 在线折扣对消费者购买行为的影响探析 [J]．商业时代，2013（6）：53－55.

[271] 称德，刘秀，杨雪．感知价值和个人特质对用户移动购物采纳意图的影响研究 [J]．管理学报，2012，9（10）：1524－1530.

[272] 胡树花．商家折扣策略的探讨 [J]．商场现代化，2013（6）：93－94.

[273] 董大海，王建军，高维．关系营销导向对顾客忠诚的影响机制研究——以关系质量为中介变量 [J]．现代管理科学，2012（3）：21－23.

[274] 赵宇翔，范哲，朱庆华．用户生成内容（Ugc）概念解析及研究进展 [J]．中国图书馆学报，2012（5）：68－81.

[275] 金永生，王睿，陈祥兵．企业微博营销效果和粉丝数量的短期互动模型 [J]．管理科学，2011（4）.

[276] 高晓倩．价格折扣对消费者感知价值和行为意向的影响 [J]．辽宁工程技术大学学报（社会科学版），2012，14（5）：461－463.

[277] 黄海涛．互动营销在微博广告中的应用 [D]．西南交通大学硕士学位论文，2012.